Ⓢ新潮新書

岸 宣仁
KISHI Nobuhito

財務省の「ワル」

916

新潮社

はじめに

霞が関に君臨してきた旧大蔵省（現財務省）の歴史は古い。

五世紀後半の雄略天皇の時代、諸国からの貢物や財物を納める倉庫が朝廷に設けられ、それらを総称して「大蔵」と呼んだのが始まりとされる。大蔵省の原型となる大蔵の呼称が生まれて、すでに千五百年以上の歳月が流れる由緒ある名前だ。

タイムマシーンのように時代は一気に下って、近代国家建設のための行政組織が整備された明治維新。維新政府は一八六九（明治二）年、それまで朝廷内にあった金穀出納所を大蔵省と改称し、統一国家を築き上げる礎とした。

当時の大蔵省には、出納、租税、監督、通商、鉱山、用度、営繕の七つの司が置かれた。財政と内政を合わせて管掌する強大な権限を握り、「政治の半分以上は大蔵省が担当した」と言われるほどの飛び抜けた存在であった。

この強大な権限がしばしば他の行政官庁と摩擦を起こし、財政金融以外の管掌事務は次第に各省へ移管されていった。そして、一八八五（明治十八）年の内閣制度発足、翌八六年の大蔵省官制の制定によって、歳出、歳入、租税、国債、造幣及び銀行に関する事務の管理が正式に決まり、ここに財政統括機関としての体裁が整えられた。

中でも「歳出」を握ったことが、大蔵省をして一頭地を抜く官庁に押し上げた。予算編成を通じ、実質的に行政全体の屋台骨を掌握したことにより、官庁の中の官庁の地位を揺るぎないものにするとともに、そこに身を置く大蔵官僚たちもエリートの中のエリートの評価を受けてきた。

だが、内閣制度発足から百三十五年の月日を経て、絶対的権力をほしいままにしてきた財務省にも、制度疲労の波が押し寄せてきている。日本の行政組織全体が、グローバル化、デジタル化、少子高齢化など未曾有の激変に見舞われる今日、最強官庁の財務省にことのほか風当たりが強まったとしても不思議ではない。

「我ら富士山、他は並の山」と、霞が関の官庁街の中でも財務省が仰ぎ見られる立場にあったのは事実であり、戦前には内務省が果たしたような対抗するライバル官庁が存在しなかったことも、大蔵省の独善を助長する結果になった。どんな組織も自らを脅かす相手がいないと、知らず知らずのうちに増長の一途を辿り、自身を省みて襟を正す機会が失われるのが常である。そこに、財務省が〝墜ちた偶像〟に成り果てた根本原因があるように思う。

本書では、それを象徴する具体例をいくつか挙げ、偶像の背後に潜む真の正体に迫ろうと試みた。

過去四十年余、大蔵省から財務省にかけて不祥事が繰り返されてきたが、その根底には明治期のキャリア制度発足以降、地下水脈のように生き続ける「ワル」という精神風土がある。石部金吉や単なる秀才は評価されず、遊びも人並み以上にできてしたたかに出世すごろくを歩んでいくワルが、結果として出世の階段を駆け上がり、組織の中枢を牛耳っていたことが不祥事の引き金を引いてきたのだ。日本人好みのエリート信仰が、屈折した形で官庁の中の官庁である財務省を自壊への道に追い込んだとも言える。

そうした腐敗の構図は、どこかで国民に見透かされる部分がある。大蔵・財務官僚といえば、借金を喧伝するのが仕事と揶揄されるほど、財政赤字の現状に警鐘を鳴らし続けてきた。この半世紀余でその額は一千二百兆円（二〇二一年三月末）にも達し、コロナ禍もあってますます膨れ上がる一方だが、「このままだと財政破綻を招きかねない」というオオカミ少年のごとき財務省の警告も、今や空ろに響くのみで通用しなくなっている。

そして、最も深刻に感じられるのは、若手の財務官僚が次々と職を辞していることだ。彼らが魅力を感じない財務省の現状に加え、供給源として機能してきた東京大学法学部の定員割れ、就職における外資系金融・コンサルタント会社へのシフトが恒常化している。かつて一流人材の宝庫と仰ぎ見られた財務省の劣化は、日本の財政、ひいては行政機構にどのような影響を及ぼしていくのだろう。

繰り返された不祥事の中でも、二〇一八年に発覚した森友学園に関する公文書改ざんと、事務次官による女性記者へのセクハラ騒動は記憶に生々しい。抱える課題が深刻化の一途を辿る今日、古代の朝廷にまでさかのぼる歴史の重みをもつ財務省の再建は本当に可能なのか。有力ＯＢの中には、「明治維新で武士階級が滅びたように、キャリア官僚制度もやがて消えゆく運命にある」と真顔で嘆く人物がいるが、その指摘は的外れな絵空事ではない。

二〇二一年に入って、キャリア官僚の世界で、またまた組織ぐるみの不祥事が発覚した。総務省を舞台とした過剰接待事件であり、旧大蔵省の金融行政と総務省の通信・放送行政という違いはあるにせよ、民間金融機関からの過剰接待による大蔵省不祥事から二十数年を経て当時と二重写しになる既視感にとらわれる。

百十二人もの大量処分に追い込まれた不祥事の反省から、国家公務員倫理規程が定められたものの、喉元過ぎれば熱さを忘れるように、過剰接待が繰り返された。その根底に特権階級意識が抜け切らないキャリア制度の歪みがあり、財務省を中心とした霞が関全体が大きな歴史的転換点を迎えているのは確かである。

官僚の名前のあとの〔　〕内の年号は入省年（すべて1900年代）を示す。
本文中に登場する人物の敬称は省略する。

財務省の「ワル」　目次

第3章　浪人は次官への近道～挫折を知らない集団とは本当か？

第1章　ワルの源流

『青の時代』を生んだ「大蔵のドン」

三島由紀夫の初期の作品に、『青の時代』（新潮社）がある。戦後間もなく、高利金融会社「光クラブ」を興した東京大学法学部三年生の山崎晃嗣が、経営に失敗して自殺した事件にヒントを得た小説で、アプレ（戦前の道徳観を欠いた無軌道な戦後派）青年の悲劇を扱った読み物として今も版を重ねている。

山崎は、旧制第一高等学校から東大法に進んだ当時のエリート中のエリートであり、とりわけ旧制一高は官界や法曹界を目指す日本の最優秀の頭脳が集まっていた。『青の時代』には、この旧制一高の学生生活の一面を描写した部分があって、山崎は川崎誠という仮名で登場する。蛮《ばん》カラ気質を彷彿とさせるシーンを引用してみよう。

「一高名物の一つである入寮式で、誠はまず度胆を抜かれたが、倫理講堂に集められた新入生は、朝九時から最低八時間というもの、寮委員長の長広舌を謹聴しなければならない。この演説が長ければ長いほど、寮委員長の値打は上がるものと考えられている。一分の隙もない身装、つまり一分の隙もない無精髯と、一分の隙もない冷飯草履で、壇上に上った委員長は、光輝ある向陵の伝統から説き起して、歴史哲学の大問題に論及した。（中略）あらかじめ強い申渡しがあったので、大演説のあいだ居眠りをする者はおろか、手水に立つ者さえない。前の晩から水を飲まないように気をつけて来たのである。見るから猛者然とした風紀点検委員が壁際に並んで目を光らせている。これではおっかなくて、くしゃみ一つ出来やしない」

この小説を執筆する際、三島は大蔵省の同期入省で最後は事務次官を務めた**長岡實**（'47後期）に話を聞いた。長岡が日本経済新聞に連載した「私の履歴書」（二〇〇四年四月）には、三島とのこんな思い出話が綴られる。

「戦後間もなく、金貸しとして一躍有名になった東大生がやがて行き詰まって自殺する事件があった。この事件をモデルに小説を書いてみたいと、ある日ふらりと大蔵省に訪ねてきた。彼は学習院の出で、一高の寮生活の実態を知らないので教えてほしいということだった。主人公のY君（筆者注＝山崎晃嗣のこと）は私と同期で、一年生のときは寮の部屋が隣りだった。私はよく知っていたその人柄を彼に話した。小説『青の時代』はこうして生まれた」

三島と長岡は同期生として大蔵省に入ったが、一九四八年九月、三島は文筆活動に専念するため役所を去った。役人生活はわずか九か月に過ぎなかったが、「そのまま残っていたら、三島文学は生まれ出なかったかもしれない」と、長岡は履歴書の中で回想している。

二人の関係を詮索するのが本稿の目的ではないのでこの程度にするが、ここで特筆したいのが旧制一高の蛮カラな校風である。弊衣破帽に高下駄姿、夜、学校の寄宿舎周辺を大勢が騒々しく練り歩く。その際、あたり構わず寮歌を高歌放吟し、粗野な服装と言動が超エリートである彼らの存在感を一層際立たせた。

旧制一高から東大法を経て大蔵省入りした長岡は、主計局総務課を振り出しに出世街道を順調に歩み、最後、栄光の事務次官の椅子を射止めた。退官後も日本たばこ産業（JT）初代社長や、東京証券取引所理事長などの要職を務め、歴代次官経験者の中でもより重きを置かれる「ドン」の称号を奉られた。

現役からOBの時代を通じて、それだけ長岡の後輩達に及ぼす影響力は想像以上のものがあったはずだ。彼が三島に語ったような一高の蛮カラ気質は、旧大蔵省から現財務省まで役所の中にどっかりと根を下ろし、深く息づいていたといっても過言でないように思う。

「変わった奴、面白い奴をどんどん採ったから」

「ワル」――その蛮カラ気質は、換言するとこの一言に尽きる。財務省の中で「あの人はワルだから」と言った場合、いわゆる「悪人」を指しているわけではない。むしろ、「できる男」「やり手」といったニュアンスで、一種の尊称として使われてきたのだ。

あえてビアスの『悪魔の辞典』風に説明すれば、財務省用語の「ワル」は次のように定義できるかもしれない。

「湧き出るアイデアを手品のようにちらつかせながら、人たらしの本性そのままに清濁併せ呑む泥臭さをもって相手を説き伏せ、知らず知らずのうちに政策を実現させてしまうずる賢さ」

そうした芸当は、単なる青白き学校秀才では難しい。「勉強もできるが、遊びも人並み以上にできる」タイプが求められ、秀才揃いの中から頭一つ抜け出して出世街道を歩むには、旧制一高の校風に見られた蛮カラ気質のようなものが必須条件になっていたのである。

省内に巣食うワルの文化に、外から激しい批判の嵐が吹き荒れたことがある。官官接待のあり方が厳しく問われた一九七九年の公費天国キャンペーン、民間金融機関からの過剰接待により百十二人の大量処分を出した九八年の大蔵省不祥事は、いずれも同省の屋台骨を揺るがす大事件であった。そして二〇一八年、**福田淳一**元事務次官〔'82〕のセクハラ疑惑、**佐川宣寿**元国税庁長官〔同〕の公文書改ざんと、同期の出世頭二人が一か月余の間に相次いで辞職に追い込まれたのは記憶に新しい。

それぞれの出来事が起きた年を追うと、ほぼ二十年ごとにスキャンダルが勃発している。その度に組織にメスが入ってもなお、ワルの文化は隠花植物のように財務省の地下茎として根を張っていたといっていい。

二度あることは三度あるを地で行く、八二年組の同期生が演じたワルぶりにスポットを当ててみよう。この期は、渡辺美智雄蔵相の下で採用されたが、たまたま筆者は大蔵省の記者クラブである財政研究会（略して財研）を担当しており、採用の方針や経緯などについて、ミッチー節といわれた漫談調の大臣の口から聞かされた。

「青白きインテリばっかしじゃ、これからの大蔵省は務まらんぞ。変わった奴、面白い奴をどんどん採ったから、将来が本当に楽しみだ」

採用された同期は二十七人。それまでキャリア官僚の大半を占めた東大法学部に対し、経済学部が六人も採用されたほか、一橋、京都、大阪、慶応、早稲田大学とバラエティに富んでいた。大学の部活も、ボクシング、ラグビー、野球、ウインド・サーフィンなど、体育会系を意識的に採っており、当時、政界で首相候補への階段を上り始めていた、ミッチー色を前面に出した新人採用ではあった。

渡辺を囲んで新人全員が記念撮影に収まったり、一人一人のプロフィールが記者向けに発表されたり、異例ずくめのお披露目は大きな話題を呼んだ。だが、「変わった奴、面白い奴」を採用したからというわけではあるまいが、同期の多くがそのワルぶりゆえに奈落の底へと沈んでいった。

宴もたけなわの秘儀「ジャングル・ファイア」

第一弾は入省から十数年後、大蔵省不祥事の渦中で過剰接待を理由に、榊原隆が東京地検特捜部に収賄の疑いで逮捕された。同じく過剰接待により佐藤誠一郎が自主退職に追い込まれ、この時点で同期二人が大蔵省を去った。一連の接待汚職で逮捕されたキャリア官僚は、榊原ただ一人であった。

過剰接待に明け暮れていたこの時期、省内のワル仲間の間で、ある遊びが流行ったことがある。文字に書くのも憚られるマニアックな遊びで、ためらいつつ事実を明かすと、要は男性のシンボル周辺の陰毛に火を点けて燃やすというものだ。

彼らはそれを「ジャングル・ファイア」と呼び、夜の接待の場や行きつけのスナックなどでしばしば饗宴を繰り広げた。超エリートと下衆な遊びのあまりのギャップ――旧制一高時代の蛮カラ気質を彷彿させると同時に、ワルぶることでエリート性が一層引き立つ効果が演出された。

大臣主催の新人歓迎会の席上、宴もたけなわになった頃、どこからともなく「そろそろジャングル・ファイアやれ！」と声がかかった。さすがに幹部何人かが「やめろ」とストップをかけたが、時の大臣は「ジャングル・ファイアって何だい？」と聞いていたという。この遊びには落語のオチにも似た、笑えるエピソードが残っている。

夜も更けて、例の如く上司から「あれをやれ」と指示が出た。一人、二人と若手が応じる中、ある人物に順番が回った。すると、もじもじしながら、「申し訳ない、今日はできません」と答えを返した。すかさず、上司が「どうしたんだ」と問い質すと、若手は申し訳なさそうに、「まだ、毛が生え揃っておりません」。その瞬間、一同どっと笑いに包まれたが、ちなみにこの若手、現在は官界から政界に転じて活躍している。

それから二十年後の第二弾、八二年組が演じた醜態はもはや修復不能なほどのマグニチュードで財務省を襲った。福田のセクハラ疑惑と佐川の公文書改ざんはすでに書き尽くされた感があるので詳細には触れないが、ここでは財務省のエリート仲間が彼らの行為をどのように見ていたか、ホンネの同僚評を聞いて回った。

まず、事務次官まで上り詰めながら、民放女性記者との下品な会話が表沙汰になった福田。二〇一八年四月、週刊新潮は福田の女性記者への、「胸触っていい？」、「手縛っていい？」などといった飲食店でのセクハラ発言を掲載した。当初、福田は否定したものの、その音声が公開されるに至り、辞任に追い込まれた。同じワルの文化に染まった時代を知るOBの一人は、大蔵省不祥事に揺れる九八年当時、主計局のみが出世コースであるという人事体系が頂点に達していた省内風景をこう振り返った。

「あの頃、主計局は足して二で割る調整型が中枢を占めるようになり、清濁併せ呑むタイプが優秀の評価を受ける風潮が強まりました。そんな仕事上のワルが、いつしか生活全般のワルに変質していき、同期や後輩を夜の街で連れ回すのが〝できる奴〟と見られるようになって主計至上主義の人事に拍車がかかった。その行き着く先が、大蔵省解体論になり、大蔵省始まって以来の大量処分につながったのです」

主計局の主流をほぼ無傷で歩んだ福田も、結果的にワルの文化から抜け出すことができず、セクハラに及んでしまった。このOBは、「一度根づいてしまった文化は、なかなか変えることができない。福田が最後の徒花であってくれるといいんだが……」と、心なしか声のトーンを落として話した。

もう一人、公文書改ざんの佐川。財務省の調査で、理財局長当時の佐川が改ざんを主導した事実が明らかになったのを受け、改ざんを強制されて自殺に追い込まれた近畿財務局元職員の妻が訴訟を起こし、現在進行形の不祥事として終止符が打たれる気配が見えない。

財務省のワルは単なる遊び人というだけでなく、にっこり笑って人を斬る、あるいはヤクザ顔負けに強面ですごんで見せる……といった側面も併せ持つ。森友学園への国有地売却問題で国会答弁に立った佐川は明らかに後者の典型であり、不遜で攻撃的な話しぶり、野党議員に対しては挑発的とも思えるやり取りが目立った。

ある現役幹部は、「OBも含めて、佐川さんを擁護しようという声は一切出なかった」

と断ったうえで、むしろ「停職三か月相当」とした処分内容に強い疑問を呈し、財務省も堕ちるところまで堕ちたという思いを吐き出すように語った。

「新人の頃から口を酸っぱくして教えられるように、役人が決裁文書を書き直すとなったら、それだけで一発アウトですよ。改ざんに手を染めて三か月の停職で済むとはとても思えないし、なぜ懲戒免職にしなかったのか理由がわからない。組織を守る時は個人の処分をきちんとしないといけないのに、あれだけでも財務省が腐った組織であることが証明された。ワルの文化を一掃しようとした大蔵省不祥事に伴なう大量処分の教訓が全く生かされなかったばかりか、失われた信用はこの先十年かかっても取り戻せないでしょうね」

森友問題は安倍晋三政権から菅義偉政権に替わっても、引き続き国会で真相究明を迫られ続けている。「呪われた八二年組」との陰口がいまだに省内でささやかれる今日、「財務官僚＝超エリート」という通説にも完全にとどめを刺されたと見ていいのではないか。

公務員試験の原型となった「高文試験」

明治維新後、今につながるキャリア官僚の仕組みがどのように成立してきたか、駆け足で振り返ってみる。

それまでの太政官制を廃止し、大蔵、外務、内務、農商務省などから成る内閣制度が発足したのが一八八五（明治十八）年。翌八六年に各省官制が公布されて、次官以下の行政機構が定められた。

この数日後には帝国大学令が出され、法科大学をはじめとする分科大学が設置される。東京帝大などの官僚供給元が整備される中、翌八七年には文官試験試補及見習規則が採用され、これが現在の国家公務員試験の原型となる高等文官試験（いわゆる高文）に発展した。同じ年、すでに設置されていた高等中学校を高等学校に改組し、現在の東大教養学部に相当する旧制一高をはじめ五校が誕生している。これら一連の措置を土台に、九四年の高文実施を起点としてキャリア官僚制度がスタートし、制度面でマイナーチェンジを繰り返しながら、百三十年近い歴史を経てきたことになる。

公務員試験制度の歴史を振り返るとき、真っ先に思い浮かぶのが中国の「科挙」であろう。古くは隋の文帝の五八七年頃から清朝末期の一九〇四年まで、千三百年余にわたって行われた官吏登用試験の原型といえるものだ。

官吏に高い教養を要求する科挙制度の影響を受け、十九世紀後半になると欧州の国々や米国でも似たような仕組みが次々と導入されていった。民主主義の最も進んだ英国が官吏の任用に試験を導入したのは一八七〇年頃のことであり、米国はさらに遅れて一八八三年であった。その頃の欧州にはびこっていた地位を売り買いする売官制度に代わり、科挙を手本に試験による官吏登用法が採用されたのだ。

そうした欧米の動きを見習い、日本でも明治時代に高等文官試験制度が採り入れられた。第二次大戦後、高文は廃止されて国家公務員試験に引き継がれ、今日に至るというのが大きな流れである。現在の公務員試験の先駆けとなった、高文導入の経緯について説明しておこう。

明治維新により日本は近代的な中央集権国家として発足し、大日本帝国憲法の制定と歩調を合わせるように官僚制度の整備が図られていく。その際、士農工商の身分制度が廃止されて国民は等しく官吏の道に就けるようになり、優秀な人材に広く門戸を開放するため、試験を通じた任用制度を採り入れることとなった。そのスタート台になったのが、前述の一八八七（明治二十）年に制定された「文官試験試補及見習規則」であり、官僚は文官試験に合格した者、あるいは帝国大学法科大学などから一定期間試補として勤務した者が任命された。さらに二年後、大日本帝国憲法が発布されると新たな文官任用令および文官試験規則が定められ、官僚の採用はあくまで試験によることとされて、帝国大学法科大学卒業生などの特典は廃止された。

九四年に第一回が実施された高等文官試験の科目をみると、原則として法律職に重点が置かれ、主に東京帝国大学の出身者がこの試験に合格した。天皇の統治権の担い手として位置づけられた官僚は、法律的な知識に習熟した特権的なエリート集団としての地歩を確立していった。

試験は毎年一回、満二十歳以上の男子を有資格者として東京で行われ、筆記試験と口述試験の二つで構成された。合格者は各人の志望と出身大学に加え、高文の成績に基づいて各官庁別に採用される仕組みだった。こうして高文の基本的な枠組みは、明治、大正、昭和初期へと、その時々の変更を加えながら引き継がれてきたのである。

「百年一日の如き」慣習

だが、さしもの高文も第二次世界大戦の影響は免れず、一九四三（昭和十八）年、戦争の激化とともに停止された。戦後の四六年に復活したものの、連合国軍総司令部（G

HQ）占領下の四七年限りで再び停止に追い込まれた。

日本が国民主権に基づく民主主義国家として発足するに当たり、その年に国家公務員法が制定され、公務員は法律によって規定されることになった。それまで天皇の官吏に位置づけられていた国家公務員は、国民全体に奉仕する公僕としての立場に変わり、建て前が抜本的に改められたのだ。

第一回の国家公務員試験は、四九（昭和二十四）年一月に実施された。この試験は、人事院が発足した四八年十二月の翌月に行われたため、準備不足のままその場しのぎの対応だったといわれる。次いで四九年十二月に最初の六級職（大卒程度）と五級職（短大卒程度）の試験が実施され、五一年一月には四級職（高卒程度）の試験が始まっている。

六級職試験は五七年に上級職試験と名前を変えたが、戦前の高文試験に比べてレベルが低い、と旧高文官僚だった当時の各省幹部から不満が出された。そこで上級職試験を甲種と乙種に分け、甲種を高文相当の幹部候補試験にしようという案が出た。この案に対し、人事院人材局の幹部はこぞって反対したが、当時の人材局長が大蔵省からの出向組だったこともあり、局長のバックに回った大蔵省の圧力で甲種新設が強行されたというのが真相のようだ。

その後、上級甲種は八五年にI種、二〇一二年に総合職へと名称が変更された。歴史的経緯を振り返るだけでもわかるように、一群のエリートを生み出すキャリアシステムの骨格は、明治以降、ほとんど変わることなく継続されてきた。

最初の高文試験から百三十年近い歳月を経たが、「法律職」を中心に「東京（帝国）大学」の出身者が中枢を占める伝統は、当時からいささかの変化も生じていない。「十年一日の如く」という言い方があるが、国家公務員試験に関する限り「百年一日の如き」感慨を禁じ得ないし、そこにこそ、近年ますますキャリア官僚が劣化の度合いを深める根本原因があるように思う。

そうした現状にメスを入れ、明治以来漫然と受け継がれてきた慣行を、いま一度根本から見直すべきではないかと考えている。そこに踏み込む前に、この問題の核心部分に我々が当たり前のように口にする「キャリア（制度）」の存在があり、そもそもこれが何を意味するのか、言葉の解釈から話を始めることにしよう。

まずは、広辞苑に当たってみる。

①（職業・生涯の）経歴。「——を積む」
②専門的技能を要する職業についていること。
③国家公務員試験総合職またはⅠ種（上級甲）合格者で、本庁に採用されている者の俗称。「——組」

仰せの通り、英語の「ｃａｒｅｅｒ」からきている言葉だけに幅広い意味合いで使われる。普段、官僚と関わりを持たない人たちにとっては、①や②の「経歴」、「専門的技能」を思い浮かべることが多いのではないか。

では、③の特権官僚と同じ意味で人口に膾炙するようになったのには、どのような背景があったのだろう。その点に関する明快な、納得のいく解説を目にした記憶はないので、一ジャーナリストにすぎない筆者が想像で論をたくましゅうするのは憚られる。

「失われた二十年」は「東大法学部不況」？

さはさりながら、戦後も上級甲種、Ⅰ種、総合職の合格者だけが「キャリア」の称号を与えられ、幹部候補生としての扱いを受けてきたのはなぜなのか。彼らキャリア組に対し、それ以外の国家公務員試験合格者をノンキャリア組と呼んで、何らの違和感もなく何十年もの歳月を過ごしてきたことに、思わず「なぜ」と叫んで問い詰めたくなる衝動に駆られる。

すでによく知られたところだが、キャリアとノンキャリアでは昇進のスピードや最終ポストに天と地ほどの開きがある。キャリアが昇進のスピードで〝超特急〟のレールが敷かれているのに対し、ノンキャリアは〝鈍行〟よろしくノロノロ運転の道しか用意されていない。

その結果、最終ポストはキャリア組が本省庁の中堅課長職以上、ノンキャリア組はⅡ種合格者が課長補佐級、Ⅲ種は上級係員である。幹部候補生のキャリアは一～二年単位で省庁内の昇進ルートを異動したり、他省庁へ出向したりしてエスカレーター式に出世の階段を駆け上がっていくが、ノンキャリアは一つのポストに短くて五年、長いと十年近く居続けるのが一般的だ。繰り返しになるが、これらの明白な差別には「法的根拠がない」ということを再度、強調しておきたい。

加えて、キャリア組の中枢が百年一日の如く、「東大法学部」によって占拠されている現実である。東京大学は日本の最高学府であり、そこの出身者が多数を占めるのは自然の理とはいえ、なぜ高文以来の伝統である法律職がこれほどまでに幅を利かせるのだろう。

33頁の表にあるように、戦後入省者で初めての事務次官に就いた吉瀬維哉（'46）から、二〇二一年に就任予定の矢野康治（'85）まで三十六人の次官がいる。彼らの出身大学の内訳は、東大法三十二人、東大経二人、京大法一人、一橋大経一人となり、東大法がいまだに九割弱を占める。

行政府の役割が法案の作成とその国会への提出にある以上、法律職の役割が重要であることに異論をはさむつもりはない。が、九〇年代後半の金融危機に伴う不良債権処理の不手際を思い起こすとき、金融を中心とした経済学や数理計算を駆使する数学などの知識がいかに欠落していたかを痛感したはずではなかったか。バブル崩壊後、「失われた二十年」といわれる深刻なデフレ不況に見舞われた日本だが、その根本原因の一つとして「東大法学部不況」と揶揄する声も挙がったほどだ。

大蔵省という組織論から見ても、出世レースの先頭集団は常に東大法で占められ、その画一性、均質性にむしろ異常さを感じたことがあった。純粋無垢な組織で、純粋培養された人間は外からの圧力に弱いといわれるが、かつての大蔵省不祥事や最近の事務次

	氏名(入省年次)	出身高校	出身大学	入省時ポスト
1	吉瀬維哉（46）	旧制一高	東大法	官房文書課
2	大倉真隆（47前期）	旧制一高	東大法	官房文書課
3	長岡 實（47後期）	旧制一高	東大法	主計局総務課
4	田中 敬（48）	旧制一高	東大法	官房渉外課
5	高橋 元（49）	東京府立	東大法	銀行局資金課
6	松下康雄（50）	旧制一高	東大法	銀行局
7	山口光秀（51）	旧制一高	東大法	官房文書課
8	吉野良彦（53旧制）	旧制一高	東大法	官房文書課
9	西垣 昭（53新制）	旧制一高	東大法	官房文書課
10	平澤貞昭（55）	都立戸山	東大法	官房文書課
11	小粥正巳（56）	旧制一高	東大法	主税局調査課
12	保田 博（57）	都立日比谷	東大法	理財局総務課
13	尾崎 護（58）	都立小石川	東大法	主税局調査課
14	斎藤次郎（59）	都立新宿	東大法	主計局総務課
15	篠沢恭助（60）	東京教育大附属	東大法	為替局総務課
16	小川 是（62）	都立戸山	東大法	銀行局金融制度調査官付
17	小村 武（63）	和歌山県立星林	東大法	主計局総務課
18	田波耕治（64）	都立日比谷	東大法	官房文書課
19	薄井信明（65）	都立戸山	東大経	官房調査課
20	武藤敏郎（66）	私立開成	東大法	官房文書課
21	林 正和（68）	東京教育大附属駒場	東大法	主計局総務課
22	細川興一（70）	富山県立富山	東大法	主計局総務課
23	藤井秀人（71）	島根県立松江南	京大法	官房文書課
24	津田廣喜（72）	北海道立天塩	東大法	主計局総務課
25	杉本和行（74）	兵庫県立姫路西	東大法	官房文書課
26	丹呉泰健（74）	私立開成	東大法	官房文書課
27	勝 栄二郎（75）	私立獨協	東大法	主税局国際租税課
28	真砂 靖（78）	和歌山県立田辺	東大法	主計局総務課
29	木下康司（79）	新潟県立新潟	東大法	主計局総務課
30	香川俊介（79）	私立開成	東大法	国際金融局総務課
31	田中一穂（79）	東京学芸大附属	東大法	主計局総務課
32	佐藤慎一（80）	大阪府立天王寺	東大経	官房秘書課
33	福田淳一（82）	神奈川県立湘南	東大法	主計局総務課
34	岡本薫明（83）	私立愛光	東大法	理財局国有財産総括課
35	太田 充（83）	島根県立松江南	東大法	主計局総務課
36	矢野康治（85）	山口県立下関西	一橋経	官房文書課

官によるセクハラ騒動を見ていると、旧態依然とした東大法の身内意識に凝り固まった閉鎖性に元凶があるような気がしてならない。

パワハラ度を示す「恐竜番付」

これまで見てきたように、戦後、日本を占領した連合国軍総司令部（ＧＨＱ）の大改革によっても、キャリア制度だけは生き永らえた。一義的には、米ソ冷戦構造への備えとして、官僚機構を温存せざるを得ない現実があった。それに加えて、公務員試験や司法試験など難しい試験をパスしてきた人達に対し、日本人の国民感情の中にある尊敬の念を尊重すべしとのＧＨＱの判断があり、それが戦後もエリート信仰を継続させることにつながったと思われる。

しかも、そうしたエリートはただ勉強ができるだけでは同期の出世競争に勝ち残れず、そこに「ワル」の要素が加わった時、仕事もできるという評価になって出世コースに乗った。バブル崩壊以前の一九八〇年代までは「仕事のワル」が省内で一目置かれる存在になり、例えば歴代次官の中でも、**山口光秀**元東京証券取引所理事長〈'51〉が「山口ワル秀」、**吉野良彦**元日本開発銀行総裁〈'53旧制〉が「ワル野ワル彦」などと陰で呼ばれて仰ぎ見られてきた。

それが九〇年代以降、先述したように「仕事のワル」が生活全般のワル」へと変質していき、やがて大蔵省不祥事として大暴発した。ここでワルの文化も終焉を迎えるはずだったが、消えたかに見えた炭火が時を置いて再び燃え上がるように、セクハラと改ざんで世の中を啞然とさせたのである。だが、この八二年組の不祥事を一つの契機に、財務省人事にも底流で微妙な変化が生まれ始めている。数年前、財務官僚のパワハラ度を測る「恐竜番付」なるものが明るみに出たが、番付に登場した人物と、ここ数年の幹部人事が奇妙な符合を見せているのだ。財務省は、上司だけでなく同僚や部下が管理職を評価する「360度人事評価」（第7章にて詳述）をすでに導入しているが、主に部下からの採点で書かれた恐竜番付は360度評価の先駆けであり、一足先に人事に影響を与えたとしても不思議ではない。

恐竜番付は確認されただけで三通あるが、最近の幹部人事に直接関係するのは二〇〇五年版と一三年版であり、この二通を参照しながら幹部のパワハラ度と人事の相関関係を見てみよう。

初めに、二人の出世頭が辞職に追い込まれた八二年組だが、次官だった福田は〇五年版で西前頭四枚目に登場する。一方、理財局長から国税庁長官に昇格した佐川は、〇五年版で東前頭四枚目で福田と並び、一三年版でも西前頭六枚目に顔を出している。

福田の次の次官であった八三年組の**岡本薫明**と、二〇年七月の人事で岡本の後任となった同期の太田充の二人は、いずれの番付にも名前が見当たらない。特に岡本の場合は、大物次官の証明とされる二年間の任期を全うした。他方、八三年組の後を襲う八五年組の幹部人事には、極めて象徴的な傾向が現れた。この期は、早くから**藤井健志**内閣官房副長官補と、**可部哲生**国税庁長官（岸田文雄前政調会長の妹の夫）が将来の次官候補と噂されてきたが、大方の予想を覆す人事が次々と発令された。

まず、藤井が国税庁長官を最後に財務省を去り、とりわけ本命視され続けた可部も理財局長から国税庁長官へのコースを歩んだ。恐竜番付に見る二人の位置付けは、藤井が〇五年版で東の関脇、一三年版で東の正横綱、可部は一三年版で東の張出横綱と、いずれも番付最高位である横綱を張った時期がある。

これに対し、ダークホースの矢野康治（'85）が主税局長から主計局長に横滑りし、太田の後の次官を確実にした。上司に臆せずモノを言う矢野だが、部下には気を遣うタイプといわれ、番付のどこにも登場していない。もっとも、パワハラ防止のために「3

60度人事評価」を導入したのが、官房長時代の矢野であったのは今から考えると意味深なものがあるが……。

さて、ここまで幹部人事を俎上に載せてきたが、読者は、登場人物がすべて男性に限られているのを痛感するのではないか。少なくとも本省における局長以上の幹部人事で、女性が選ばれたケースはいまだ一例もない。言ってみれば、財務省の究極の出世競争は、男社会の中だけで闘われてきたのが現実なのだ。

それゆえに、ワルが好き勝手な振る舞いをしても咎める者が少なかったし、ジャングル・ファイアのような度の過ぎた遊びも抵抗なく受け入れられてきた。まさに、旧制一高時代の蛮カラ気質がエリート官僚のＤＮＡとして受け継がれ、福田のセクハラ疑惑に至るまで間欠泉のように噴き出してきたと見ることができる。

だが、三度にわたる大スキャンダルの発覚で財務官僚も懲りたであろうし、時代もそのようなワルを受け入れる寛容さはもはやなくなった。それ以上に、かつては数年に一人程度だった女性の採用比率が急上昇していることも、男性中心の閉ざされた世界に風穴を開け始めている。

新人採用に占める女性の割合は、一四年度が二十二人中五人（約二三％）、一五年度が二十三人中七人（同三〇％）と最近は二〜三割の比率で推移する。女性の社会進出が推奨される昨今、この傾向が今後も続くのは明らかで、彼女達が課長級に昇進し始めるこれから十年後、省内風景が劇的に変わっていくのは火を見るより明らかだろう。

「内閣人事局」の功と罪

今から七年前、二〇一四年夏の定期異動を契機に霞が関の人事のあり方が大きく変わった。公務員制度改革の目玉であった「内閣人事局」が正式に発足し、官邸主導による人材の登用が本格的に実施に移されることになったためだ。

霞が関の人事制度は、公務員制度改革の柱として長い間の政治課題になっていた。バブル経済の崩壊や大蔵省不祥事などの反省から、官僚主導の政策決定を政治主導に変える動きが強まり、その中核的なテーマに官邸による幹部人事決定の仕組みが模索された。

それまで霞が関の幹部人事は、各省庁が局長級以上の約二百人を対象に原案を作成した。これを正副官房長官が参加する官邸の人事検討会議に諮って決定していたが、省庁案がひっくり返ることはほとんどなく、原案通り黙認が一般的だった。

それは政治家から人事に手を突っ込まれることを極端に嫌う官僚の防衛本能によるも

ので、抜本的な人事制度改革には各省庁の根強い抵抗が続いた。しかし、政治主導を前面に掲げる第二次安倍政権の強い意向により、ついに厚い壁がこじ開けられて実現にこぎ着けたわけだ。

新制度では、まず内閣人事局が中心になって職務遂行能力をチェックする適格性審査を実施し、幹部候補者の名簿を作成する。これを受けて各省庁の大臣は、名簿の中から審議官級以上約六百人の人事案を作成、最終的に首相と官房長官がその案をもとに適否を協議して人事を決定する。

官邸が判断する幹部人事の範囲は、当初の局長級以上二百人から審議官級以上六百人へ三倍に拡大した。人事機能を官邸に集約することで、官僚が省益を優先する動きを抑えて縦割りの政策決定プロセスを排除しながら、政治主導の政策立案を迅速に進める狙いである。

内閣人事局発足時の人事にも、政治主導が色濃く表われた。初め、初代局長には官僚トップの杉田和博官房副長官が就く予定だったが、直前になって衆議院議員の加藤勝信官房副長官〔79〕に差し替えられた。ここにも「政治主導」を重視する政権の方針が明確に示され、鳴り物入りの内閣人事局はこうしてスタートしたのだった。

内閣人事局が発足してから、安倍首相や菅官房長官のごり押し人事が、たびたびマスコミの話題をさらった。その嚆矢と言えるのが、発足と同時に行われた財務省人事で、現在、日本政策金融公庫総裁を務める**田中一穂**が、七九年入省組で三人目の事務次官に就任した意外性が厳しく問われた。

田中に対する評価は脇に置いて、安倍が「自分の秘書官として仕えた者を、何としても次官にしたい」と執念を燃やしたのはよく知られたところだ。第一次安倍内閣の首相秘書官のうち、次官適齢期に入った最初の人物が田中であり、その巡り合わせもあって同期三人目の次官を射止めたことに、「論功行賞ではないか」という見方が根強く流布されたのも事実である。

同期から次官が輩出するため、一種の間引きの論理に似て他の仲間は審議官の頃から徐々に身を引いていく。その慣例を死守するために筆頭課長補佐の頃から「××年組の次官候補は○○で決まり」と内外にささやき、政治の介入を極力阻止してきた財務省人事の伝統は、政治主導のスローガンの下で明らかに変質を余儀なくされている。

これからの次官昇格は、一年次に一人、最低でも二年次に一人のパターンが難しくなる。内閣人事局の決定によっては、七九年組のように同期の複数次官が稀でなくなり、時には他省庁から、時には民間企業からということも、全くあり得ない選択肢ではなくなるだろう。

従来のパターンが崩れると、悪しき弊害が生まれることも予想される。次官経験のある有力OBの一人は、こんな懸念を口にした。

「官邸に気に入られると、偉くなれる。逆に、嫌われると外される。そんなケースを見せつけられているうち、適齢期に達した幹部たちの中には、猟官運動に走る層が出てくる。人間誰しも足繁く通ってくる人を『ういやつ』と可愛がるのが常であり、そうした官邸に擦り寄る幹部を見ながら、中堅、若手に白けた空気が蔓延してくるのが一番怖い。内閣人事局の負の側面が、安倍、菅政権でますます加速されてしまったのが気になるね」

「忖度」と「猟官」

この有力OBの懸念を裏書きするような接待問題が、財務省と並ぶ重要官庁の総務省で起きた。菅義偉首相の長男が勤める放送関連会社「東北新社」から同省の幹部・職員が繰り返し接待を受けていた問題である。

あの接待の構図を考えるとき、真っ先に思い浮かぶのが「忖度」という言葉だろう。総務省幹部らが、「菅首相の息子から誘いを受けたら断れない」と思うのは一概に非難できないし、まして菅は総務相、官房長官、首相と権力の階段を足早に駆け上がった実力者であり、今も総務省に隠然たる影響力を誇示している。

しかも、長男が総務省幹部と知りあったのは、首相が総務相時代の大臣秘書官に起用したのがきっかけだ。総務官僚からすれば、息子の告げ口で首相の評価が下がることを恐れる心理が働いたとしても不思議ではない。

とりわけ頻繁な接待を受けていた幹部四人は、内閣人事局の対象となる審議官以上であり、まさに自身のさらなる昇格が望めるかどうか微妙な時期にあった。厳しい言い方が許されるなら、「生殺与奪の権を握る首相の歓心を少しでも買いたい」と願うのが、最終段階の出世レースに懸ける官僚心理であって、ここに内閣人事局に内在する猟官運動への誘惑が潜んでいる。

総務省の接待問題を横目に、二十年余り前に起きた旧大蔵省の過剰接待・汚職事件を思い起こした。あの事件の反省から国家公務員倫理規程ができたはずなのに、いまだ接待を介した会合が行われている現実を知り、開いた口が塞がらないというのが正直な感想だった。

当時と今とで政官の関係に決定的な違いがあるのは、内閣人事局の存在である。首相の息子の誘いを断れなかった総務省幹部の心情を察するにつけ、「忖度」と「猟官」の二つの言葉が胸に浮かぶ。筆者は、内閣人事局を廃止すべしという意見に与《くみ》する立場にはないが、対象ポストを審議官級以上六百人から局長級以上二百人に限定し、より忖度や猟官に走りがちな予備軍を減らすことが、ひとつの是正策につながると考えている。

他方で、内閣人事局は「仕事さえできれば何事も許される財務省のワルの風土」にどのような影響を与えていくのだろう。

先ほど登場した有力ＯＢの一人は、

「霞が関の中にあって、財務省の内輪の論理がますます通用しなくなってきているのを痛感しますね。俗っぽく言うなら、優秀で、捌《さば》きさえよければ何をやっても許される暗黙の了解があったが、これからは下品で、素行に問題のある人はおのずと弾かれていくでしょう。うちも旧制一高的な閉ざされた世界から、国民に開かれた組織に変わっていかないと、時代に取り残されていくのは間違いありません」

明治維新を契機に武士階級が滅んだように、内閣制度発足から百数十年を経て官僚システムも大きな変革を迫られている。「ワル」が称賛され、その中でも最高の出世頭である次官経験者が「ドン」と呼ばれるなど、マフィアの世界でもあるまいに、世の中の常識とはかけ離れている。新たな時代に合ったキャリア像とはどのようなものか、今ほどそのあり方が問われている時はない。

第2章　出世の三条件

「将来の次官候補」に落とし穴

「若き日のプリンスか、遅咲きのいぶし銀か」――霞が関の最高峰・大蔵省を新聞記者として取材しながら、この二つのパターンが鮮やかな対照を見せる人事を何度か目撃した。民間企業にも同様のパターンはあるはずだが、毎年恒例の定期異動を繰り返す官僚の世界は、その傾向がシャープに現れる。こうした見事なコントラストを明らかにするため、まずは大蔵省の典型的な出世コースから説明を始めよう。

大蔵官僚の時代だけでなく、今の財務官僚もそうだが、入省してから最後の栄冠である事務次官の椅子を射止めるまで、三十数年にわたる出世レースを戦わなければならない。「我ら富士山、他は並の山」を自任する超エリートの集団である彼らは、他省庁に比べて若いうちから「将来の次官候補」が噂にのぼる傾向が強かった。

若き大蔵官僚にとって、出世レースの第一関門になるのが課長補佐（主計局では主査という）の最後をどのポストで終えるかが極めて重要だった。とりわけ主計局の農林水産担当とか、建設・公共事業担当とか、政治色の強い予算編成を無事にこなした若手は一歩リードする形になり、この頃から「〇〇年組は何某」の声が省内でそこはかとなく口の端に上るようになる。入省から十数年、年齢にすると三十歳代後半といった辺りか。次の第二関門は、官房三課長（文書、秘書、調査企画＝現総合政策）のポストを射止めるかどうか。とくに、文書課長、秘書課長のどちらかが次官への登竜門となる。そして、次官昇格を占う最後の第三関門が官房長のポストである。

こうした図式を念頭に置きながら、若き日のプリンスが出世レースの後半、栄光のポストを逃してクラウン（王冠）に手の届かなかったケースを俎上に載せる。そこには、一言で説明できる定型的なパターンはないが、「プリンス」と呼ばれる日々の中からおのずと身についてしまう、ある似たような行動様式が見受けられた。

伏屋和彦（'67）は学生時代、麴町中学—日比谷高校—東大法学部と、当時としては最高のエリートコースを歩んだ。国家公務員試験もトップクラスで合格し、一九六七（昭和四十二）年に大蔵省に入る。

私が初めて伏屋を知ったのは、先述の通り、新聞記者として大蔵省の記者クラブである財政研究会を担当した八一年であった。こちらは三十歳そこそこで、取材上、局長や審議官などと相対峙しなければならないが、年齢の近さもあって主に主査クラスを中心に取材の的を絞り攻勢をかけた。

当時、主計局にはキャリアの主査が三十五人前後いたと思うが、彼らの中で最もキラキラと輝いて見えたのが伏屋だった。俗っぽい話も含めて、理由は三つあった。

一つは、音に聞く「麴町中―日比谷高―東大」出身の天下の秀才を初めて知ったこと。二つ目は、その時、彼が農林水産係の筆頭主査を務めていたことで、これが何を意味するかは先に触れた通りだ。

それだけでも「将来の次官候補」の呼び声が高まっておかしくないが、加えて三つ目、彼の気配りや如才ない対応ぶりが同じ主査のなかでも群を抜いていた。彼らはエリート中のエリートゆえか、新聞記者が近づくと露骨に嫌な顔をする人物が多かったが、伏屋は決してそういう態度を取ることなく常に平常心で接した。

そうした人付き合いの良さは入省同期に対してより顕著で、しばしば「同期の仲がうまくいってないのは大蔵省にとって大きなマイナス。われわれは月一回必ず集まって食事会を開いている」と話した。しかも、その幹事役を率先して引き受けていたのが伏屋で、同期から一人の次官が誕生するには仲間の結束がカギを握るケースがあるが、そのことも胸に秘めての彼の実践だったのだろう。

同期に黒田日銀総裁

実際、省内スズメのささやきは「六七年組は伏屋で決まり」の見方でほぼ一致していた。同期のライバルに主税局税制第二課課長補佐の**黒田東彦**日本銀行総裁がいたが、学者肌の黒田に比べ官僚としての評価は伏屋のほうが上だったし、私自身、この時点で伏屋の将来の次官昇格に確信のようなものを抱いたものだ。

その後、建設・公共事業主計官―主計局法規課長―同総務課長―文書課長―近畿財務局長と、絵に描いたような出世コースを駆け上がった。近畿財務局長というポストは省内で〝大阪探題〟とも呼ばれ、数年後に次官に昇格するであろう人物の関西方面へのお披露目を兼ねていた。

そして、審議官・部長級の最高ポストである主計局次長に就任する。これは、次の総務審議官（現総括審議官）―官房長―主計局長という次官につながる一歩手前の関門であり、主計局をホームグラウンドにした大蔵官僚で、主計局次長を経ずに次官になった例は戦後入省では皆無といっていい。

が、この主計局次長に就いた頃から、伏屋に対する上層部の評価が微妙に変化する。「六七年組は伏屋以外にいない」ではブレないものの、「伏屋で決まり」のトーンが弱まってきたのである。

一人の人物が次官に辿り着くまでの人間模様に興味を持っていた私は、ある日の夜回りで時の人事権者（のちに次官就任）に、「伏屋さんの次官は決まりですか」とストレートに尋ねてみた。

「何か、肩に力が入っている感じだね。もっと自然体でやればいいのに……」

大蔵官僚とのやり取りは概して禅問答めくことが多いが、遠回しの表現ながら否定的な見方を示しているのは直感でわかった。主計局次長のあと、伏屋は理財局長に就任し、次官への道をかろうじて残したが、かの人事権者に再度、同じ質問をした。

「うーん、難しくなったかなぁ。周辺から〝自分の庭先しか掃かなくなった〟という声がしきりに聞こえてくる」——この指摘はさらに意味深だが、要するに、ケガを恐れてリスクを取ろうとしない姿勢を批判したものだ。その後、次官本命だったはずが、金融企画局長—国税庁長官という前例のないコースを辿って大蔵人生を終えた。

スーパー次官候補の奇妙な趣味

もう一人、私が「将来の次官間違いなし」と駆け出しの頃から信じて疑わなかった人の中で、同じ悲運を味わった人物に稲垣光隆商工組合中央金庫副社長（'80）がいる。愛知県立旭丘高―東大法を経て大蔵省に入るが、国家公務員試験と同時に司法試験にも合格した秀才であった。

新人の配属先として有望なのは、文書課、秘書課、主計局総務課の三つだが、稲垣は筆頭格の文書課に入った。その三年後、主計局総務課の係長になるが、このポストは別名「企画担当」とも呼ばれ、予算の全体フレーム（枠）を決める枢要部署で、歴代の次官が主計官や主査を務めてきた。

そこで、私は稲垣と鮮烈な出会いを経験した。ある日、主査二人（一人はのちに次官昇格）と稲垣と私の四人で、霞が関界隈の中華料理店に食事に出かけた。

初めは四方山話をしていたが、そのうち主査の一人が「こいつ（稲垣）は間違いなく将来の次官」と断定口調で言った。後輩に当たるもう一人の主査も「仰せの通り、八〇年組の次官は彼で決まり」と念を押すように断言した。

こちらは豆鉄砲を食らった鳩よろしく、「えっ、入省数年で将来の次官が見えちゃうんですか?」と間の抜けた質問を返すばかり。それに対して先輩の主査が「要するに、仕事ができるってことよ」とさり気ない言葉で絶賛した。

稲垣は、その頃妙な趣味というか習慣を持っていた。ご飯に杏仁豆腐をかけて食べるのが大好物だというのだ。食事の最後にそれを美味しそうに食べる彼の横顔を見ながら、「この人が将来の次官か」とつくづく感じ入ったのを覚えている。

上司の暗示めいた評価を裏書きするように、稲垣は出世コースを驀進した。主なポストを拾ってみると、企画主査―農林水産主計官―企画主計官―主計局次長と、主計局の中枢を総なめにして次長まで到達する。この間、主計局の大物として名を馳せた**斎藤次郎**元次官(’59)の娘と結婚している。

だが、彼もまた、主計局次長の頃に大きな転機を迎えた。本来であれば官房長をたぐり寄せる重要関門になるが、同時に鬼門となる危険も孕む。このあとの人事は驚きの連続で、財務総合政策研究所長―関税局長と予想外のコースを歩み、国税庁長官で退官する。

あの若き日のプリンスはどこへ行ったのか。複数の時の人事権者に質す機会があったが、醒めた見方で一貫していた。

「早くから騒がれすぎて、やはり守りに入っちゃったんだろうね。不祥事もあって昔の大蔵省とは変わったし、外と戦わない人間はもう駄目な時代になったんだ」

要するに、この人事権者は、〈駆け出しのころから優秀の評価を受けた人物ほど、先読みのセンスが鋭い。若いうちはそれがプラスに働くが、中堅以上になって人の上に立つようになると、先が見え過ぎるためにリスクを取ろうとしなくなる。そういう人を称してよく〝先読み、先下り〟と揶揄したが、要するに愚直さというか、困難と思っても相手に必死で立ち向かう気概が失われていくものだ。稲垣はそれに当てはまった〉と言いたかったと推察される。

そして、どうしても気になることがあった。次官就任以降、国民福祉税の打ち上げなど毀誉褒貶の激しかった、岳父の斎藤の存在がマイナスになったことはないのか──と。

「マスコミはすぐ、そんな邪推をする。うちの人事で、そんなことはあり得ない。最後は、その人物の能力、人間力だよ」

人間誰しも自分の評価は甘くなりがちだが、そう見られていることに気づかないのがプリンスの限界なのか。「同期のトップを走ってきた、あんな優秀な人がなぜ……」と疑問にも思い、彼の周辺の人たちにこの疑問を投げかけたこともあるが、返ってくる答えは「どんな人事通といわれる人でも自分の人事が一番わからないのと同じように、自分がどう見られているか本人にはわからないもんだよ」というのが定番だった。

「知謀の長野、行動の中島、バランスの武藤」

一方、これとは正反対の上に行くほどいぶし銀の輝きを増すタイプに光を当てよう。

「知謀の長野、行動の中島、バランスの武藤」――**長野厖士**元証券局長、**中島義雄**元財政金融研究所長、**武藤敏郎**東京五輪・パラリンピック組織委員会事務総長と、個性的で才能豊かな人材が揃った「花の昭和四十一（六六）年組」。若い頃から「三人が別の年次にいたら、三人とも本省の次官になっておかしくない」と噂されるほど、群を抜いて粒揃いの年次であった。

三人は、中島厚生主査、長野通産主査、武藤文部主査の並びで、第一関門となる課長補佐を卒業した。このあと、武藤は石川県商工労働部長に、長野は一年間の外務研修を受けて在英日本大使館の一等書記官にそれぞれ赴任。中島は主計局の企画主査に就任し、この時点での人事を見る限り中島がひとつ頭を抜けていた。

石川県への出向は、武藤にとって心ならずもの人事だったのではないか。省内に流れる人事予想は「蔵相秘書官か、広報室長か」だっただけに、予想外の人事に戸惑ったのは容易に想像がつく。同じ地方自治体への出向にも序列があって、石川県は三重県総務部長、熊本県企画開発部長に次ぐ三番手の位置づけにあった。

だが、そこで腐ったり、手を抜いたりすることなく、赴任してすぐに繊維関連大手商社の救済策に辣腕を振るうなど、与えられた職務に全力投球で取り組んだ結果が今日につながっている。誠心誠意、自らの職責を愚直なまでにまっとうしたところに、武藤の仕事に取り組む原点があるような気がする。

その後、文部と建設・公共事業担当主計官を務めたが、当時の幹部が「主計局でも重要なポストを経験して守りに入らなかった」と評したように、予算編成の要として真価を発揮する。そして、官房三課長の中でも出世最右翼といわれる秘書課長に昇格し、この頃から「六六年は武藤で決まり」の声が一気に高まっていった。

このあとも順調に出世の階段を昇り、第三の関門ともいえる官房長に辿り着く。ほぼ次官ポストを掌中に収めたと見られた武藤だったが、ここで大蔵省不祥事という組織の屋台骨を揺るがす大事件が持ち上がった。そのピークが金融検査をめぐる汚職事件の責任を取り、小村武次官〈'63〉が辞職に追い込まれると同時に、武藤官房長も引責辞任は必至との観測が流れた時である。

最大の分岐点になった九八年一月、突然、橋本龍太郎首相から小村と武藤の二人が総理官邸に呼びつけられた。この席で、小村が職責にとどまる意向を示し、幹部処分の方法として減俸を検討していることを伝えると、激怒した橋本は「辞表を出せ！」と物凄い剣幕で小村を叱りつけた。同席していた武藤も一瞬、「辞任」の文字が脳裏をかすめたに違いないが、橋本の口から出た言葉はまったく違った。

「お前がこんなところで辞めて済む話ではないだろう。（不祥事の）実態を調査して、その対応策をしっかり考えろ。そして処分を発表した後で、自分で自分を降格しろ！」

当時、自民党の実力者だった野中広務からは「君は辞めちゃいかん」と激励の電話が入った。財政金融に造詣の深かった与謝野馨も、「一言でいえば、公平な人。政治家を不快にはしないけど、政治家には絶対おもねらない人」という最高の賛辞で武藤をバックアップした。

自らの処分で思い悩んでいた武藤であったが、官房長の前のポストである総務審議官への降格で決着がついた。極めつきは、身内からの評価だった。解任された小村は武藤に向かい、「今回の騒動で先輩や後輩などいろいろな人たちから話を聞いて、誰に信望が集まっているかよくわかった。結局、武藤、君だったよ」としみじみとした口ぶりで話したという。

それからあとは、大蔵・財務省次官通算二年半、日銀副総裁、東京五輪・パラリンピック組織委員会の事務総長と要職を歴任している。組織委員会の森喜朗会長辞任騒動で、事態の収拾に追われたことは記憶に新しい。

病に倒れた「いぶし銀」

六六年組と並んで人材の揃った「花の昭和五十四（七九）年組」。同期から木下康司、香川俊介、田中一穂の三人の次官が輩出したのは霞が関で話題を呼んだが、遅咲きのいぶし銀を一人挙げろといわれれば、香川を置いて他に浮かばない。

香川が入省直後からピカピカのプリンスだったかというと、それは違う。振り出しは国際金融局総務課で、同期の上位クラスが配属される文書、秘書、主計局総務課ではなかった。その後も、国際金融局国際機構課や通産省（現経産省）産業政策局商政課などを歩み、人材が豊富な七九年組では四番手、五番手の印象を受けた。

そんな香川がひとつ頭を抜け出す転機になったのが、八七年、竹下登内閣で官房副長官となった小沢一郎の秘書官を務めたことだろう。政治家の中でも付き合いが難しいとされた小沢の信頼を勝ち得、そのこと自体が省内における香川の評価を高める〝触媒〟の役割を果たした。

秘書官から本省に戻り、建設・公共事業主査を四年間務めるが、その頃、上司が香川を評した言葉が今も耳に残る。

「小沢さんに強いというと、自民党の実力者はみな一歩引きがちだが、香川にはそれがない。懐が深いというのか、器が大きいというのか」

清濁併せ呑む政官の関係にあって、ただ悪知恵だけに長けた策士では真の信頼を得ることはできない。そこには、誠実さとか、愚直さとか、人間本来の情の部分も兼ね備えていないと受け入れられるのは難しいというわけだ。

まさにいぶし銀の光を放ちながら、香川が最後の力を振り絞って道筋をつけたのが消費税の増税であった。一二年の自民党・公明党・民主党の三党合意による消費税引き上げを柱とする社会保障と税の一体改革の推進は、**勝栄二郎**〔'75〕─香川─**佐藤慎一**〔'80〕から三人の元次官による「最高傑作」との評価が省内で高いが、中でも病魔と闘いながら根回しに奔走した香川の功績を称える声は強い。「病気にならなければ、大物の証しである二年次官もおかしくなかった」と惜しまれる香川だが、一年間の次官任期を終えた約一か月後の一五年八月、帰らぬ人となった。享年五十八。

若き日のプリンスと遅咲きのいぶし銀と、二つのコントラストをどう分析したらいいのだろう。

よく引き合いに出されるのが「生涯満足度一定説」で、若い日にプリンス扱いでちやほやされた人は人生の後半で人事の悲哀を味わい、若い時に恵まれなかった人は中年以降に出世の階段を昇って一生の間に辻褄を合わせる、という見方である。「禍福はあざなえる縄の如し」とも言われるように、出世すごろくにおいて、それなりの説得力があると私は信じている。

「センス、バランス感覚、胆力」に収斂する

書店を覗くと、タイトルに「出世」の文字が躍る本がいやでも目につく。「出世の法則」「出世の条件」「出世のススメ」など、世のサラリーマンの心情をくすぐる本で溢れ

ている。ちなみに、店内の検索機に「出世」を打ち込んでみると、一千件近くの本がヒットした。

霞が関の役人であろうと、民間企業の社員であろうと、組織に属して禄を食んでいる以上、出世とまったく無縁の人生を送ることは現実的ではない。他人より少しでも偉くなりたいという願望は、人間の本性に根差すもので、それが陰湿な足の引っ張り合いに陥らない限り、組織の活性化につながる刺激剤の役割があるのは確かだろう。

とりわけ、霞が関の官僚の中でも財務省には、出世をめぐる飽くなき闘いの縮図が色濃く浮き出て見えた。それは理の当然で、彼らが最高学府出身の選ばれた人達であること、同期二十人強が三十数年の歳月をかけて事務次官という栄光のポストを目指すこと、そして一、二年毎の人事異動の度に出世コースに乗った、外れたという評価が下されること……などから、自らの人生やプライドを懸けて上を目指したいと考えても不思議ではない。

そんな財務官僚の出世争いを見続けてきた生涯一記者として、彼らの出世の条件を挙げると何になるか、常々考えを巡らせてきた。その結果、筆者なりに得た結論は、以下の三つに収斂する。

「センス、バランス感覚、胆力」

あえて解釈を少し広げると、センスは「アイデアが豊か」と言い換えられ、省内でもよく「彼はアイデアが泉のように湧くね」などと評価された。守りの官庁である財務省の場合、アイデアとは〝悪知恵〟を指す場合が多い。一般会計の予算をひそかに特別会計に付け替えたり、税外収入である日銀納付金をあの手この手でより多く日銀から吐き出させたり、予算編成の体裁を保つための悪知恵にたけた人物が高い評価を受ける傾向が強かった。

バランス感覚は、単に足して二で割る方式のバランスを意味するのではなく、「人情の機微を嗅ぎ分ける能力」と、心の問題として捉えるのが正しい。そして、胆力はわかりやすく「度胸」と言ってもよく、幼少時から挫折を知らないエリートにはこの点に欠ける人がしばしば見受けられた。

この出世三点セットについて、ある料亭の女将が極めて簡潔な比喩で言い表したのを耳にしたことがある。

曰く、「頭と、心（ハート）と、腹よ」——と。

ベテランの女将となると、酒席を共にして二、三十分で顧客の器量を見抜くといわれるが、まさに彼女達の人物観察眼を凝縮した言い回しといっていい。これを伝え聞いたかつての大蔵官僚達は、同僚の人物評価をこんな具合にし合ったものだ。あくまで頭の良さは、一律にトップクラスという前提に立っての話だ。

「彼はハートはいいんだが、腹がないんだな」

「彼は腹は据わっているが、いかんせんハートがないからね」

雨夜の品定めよろしく、人事の季節になると省内のあちこちでこんな会話が交わされたものだ。いざ、人事異動が発令されるや、今度は「次官レースに残った」「いや、外れた」などひそかに噂し合うのが常だったが、三点セットの中で何が決め手になったかというと、やはり「バランス感覚」に象徴される「心」のあり方にあったように思う。筆者が見てきた大蔵官僚の出世レースから、この点にフォーカスした思い出話を紡いでいくことにしたい。

「頭の良さ」とは何か？

彼らの頭の良さは一律にトップクラスと書いたが、それは単なる偏差値教育の勝者を指しているわけではない。彼らにとって真の頭の良さとは何か、筆者がこれまでの取材経験から辿り着いた、一つの定義を明らかにすると以下のようになる。

「先の見えないカオス（混沌）の状態を整理し、そこから物事の本質を浮かび上がらせ、それを絶妙の比喩などを交えた平易な言葉で説明する能力」

とりわけ、絶妙の比喩などを交えた平易な言葉に重点があり、聞いた瞬間に胸にぐさりと刺さる言葉であればあるほど効果は大きい。別の言葉に置き換えれば、「キャッチフレーズ」あるいは「キーワード」という言葉に近く、これらを駆使して重要な政策課題が実施に移されてきたのも確かである。しかも、先の「頭の良さ」を示す定義の背景に「心（ハート）」がそこはかとなく感じられる時、世の中の人達は賛成しないまでも、反対の矛先を転じていく傾向がある。

そうした経緯が最もわかりやすい形で表われたのが、今から三十年余り前、消費税関連法案が成立する過程にあった。大平内閣の一般消費税が審議されないまま立ち消えになり、中曽根内閣の売上税が事実上の廃案になり、三度目の正直として打ち出した消費税がすったもんだの末に日の目を見たが、そこで、かの定義が見事に証明されることとなった。

消費税導入のほぼ一年前の一九八八（昭和六十三）年三月十日、衆議院予算委員会の総括質疑の場がその端緒となる。時の竹下登首相は上田哲議員（社会党）の質問に答える中で、大型間接税に関連して「逆進的な税体系になり所得再配分機能を弱める」など六つの項目を挙げ、これらの懸念を一つひとつ解消していく考えを明らかにした。

のちに「六つの懸念」と呼ばれたもので、低所得者ほど税負担が重くなる逆進性のほか、税率の引き上げが容易に行われる、物価を引き上げインフレが避けられない……など、国民が抱く消費税導入への不安を網羅的に示した。いわば消費税の持つ欠陥を首相自らが表明する逆張りの発想であり、リスクを覚悟で訴えかけた点に意外感があった。

すでに消費税導入から三十年以上の月日が過ぎ、税率が三％から一〇％に引き上げられた今日から振り返ると、あの日の竹下発言が大きな転換点になったことを痛感せざるを得ない。一般消費税、売上税が悲惨な末路を辿ったあと、消費税もあるいは同じ運命を辿るのではないかと思われた矢先、政府が国会の場に投じた一つの波紋が、さざ波のように広がって消費税誕生に道筋をつけたからだ。

六つの懸念を竹下に振りつけたのは、当時、首相秘書官を務めていた**小川是**〔'62〕であった。小川一人の知恵であったのか、誰かのアドバイスを受けたものか、今となっては確認のしようがないが、官邸の竹下―小川ラインを支えた大蔵省主税局の同僚何人かに確かめると、「小川さんが発案者だったのはほぼ間違いない」と口を揃える。

この時の主税局幹部の布陣は、**水野勝**主税局長〈'55〉―**尾崎護**審議官〈'58〉―**薄井信明**税制第二課長〈'65〉であった。税制第二課は間接税を担当し、消費税の仕組みを企画・立案する実働部隊であり、その第二課を監督する審議官が尾崎、最高責任者が水野という配置を覚えておいてもらいたい。

小川がアイデアを考え、竹下が国会で答弁した六つの懸念だが、誰の目にも明らかなように「消費税にはこんな欠陥があります」と正直に告白しているようなものだ。国民からすれば、「そんな欠陥を抱える大型間接税を、大蔵省は懲りずにまた出してきたのか」と批判を強めそうだが、現実はまったく逆の効果を生んだ。主税局の実働部隊を率いた薄井は、当時を振り返ってこう語る。

「日々の厳しい国会対応の中で、竹下首相の答弁をどうまとめるか、あれこれ悩んだ末に小川さんだからこそ出てきた発想だと思います。それまで大型間接税に反対してきた政党に対し、消費税が抱える問題点を解決すればいいんでしょう、そのために一つずつやれることをやっていきます、という大蔵省の宣言とも言うべきものでした。六つの懸念が表明されて直ちにというわけではないが、あれがベースになって野党との協議が少しずつ動き始めた実感がありました」

消費税導入に執念を燃やした、竹下の思い入れの強さもプラスの方向に作用した。よく「言語明瞭、意味不明瞭」と揶揄された竹下の答弁だったが、六つの懸念をわかりやすく、とつとつと答えた姿が、国民に何らかの共感を呼んだのは明らかだった。薄井は、さらに続けた。

「消費税を丸ごと駄目と批判していた人達には通じなくても、売上税の廃案を複雑な思いで見ていた人達には何かを感じてもらえた。潮目が変わったというか、大きな転換点になったのは確かです。なるほど、六つの懸念は理論を深めるための見事な論理学だった、とのちに私自身は思いましたね」

現に、一貫して反対姿勢を変えない社会、共産の両党には通じなかったものの、民社党と公明党が少しずつ協議に応じる方向に舵を切った。消費税そのものには反対の立場を貫きながら、減税を先行させることを条件に法案審議に加わる姿勢に転じたのだ。あとから振り返ると、この方針転換が消費税関連法案の可決成立につながり、八九年四月からの消費税導入に道を開いたといっていい。

消費税にまつわる絶妙な比喩

もう一つ、先述の定義にある「頭の良さ」を端的に物語る事例として、消費税にまつわる〝絶妙な比喩〟を俎上に載せよう。消費税の欠陥を隠さず示した六つの懸念とは別の視点から、やがて訪れる少子高齢化に伴う年金制度への国民の不安をかき立てる、厳しい現実ともいえるものであった。

それは、何人の現役世代が高齢者一人を支えるか、その仕組みがどう変化していくかを簡潔に表わしたものだ。消費税が導入された八九年当時、政府はこんな表現で負担割合を説明した。

「現在は十人の現役世代が一人のお年寄りを支えているが、十年後には五人が一人を、さらに二十年後には三人が一人を支えることになる」

これは今から三十年前の説明だから、まだ多少の余裕を感じさせる数字になっていたが、それでも現役世代の負担が加速度的に高まっていく将来の姿を実にわかりやすく表わしていた。国民の理解を深めるために、この説明内容をまとめ上げたのが社会保障関連予算を担当する主計局だったが、政界や民間への根回しは主税局も同行する形で進められた。

「何で増税が必要なのかという国民の素朴な疑問に対して、財政赤字の問題が深刻だからと説明しても、〝それをつくったのはお前達ではないか〟と批判されるのが常でした。そこで主計局が年金負担割合のパンフレットを作成し、それを持って根回しに歩きましたが、主税局と主計局の発想がうまく絡み合って国民心理に深く働きかけ、消費税の理解にプラスになったのは間違いありません。社会保障にはおカネがかかるということへの理解を深めるうえで、この説明は明らかに先兵の役割を果たしてくれたと思っています」

そう薄井が回想するように、国民一人ひとりが抱く「将来へのぼんやりとした不安」に対し、明確な数字の形を取って説明したのがこの負担割合の推移だった。これが国民心理のどこかで頭をもたげ、消費税に積極的には賛成できないまでも、「やむなし」へと世論を誘導するひとつの支援材料になったのは明らかだと思う。

話は飛んで二〇一二年六月、民主、自民、公明による社会保障と税の一体改革関連法案をめぐる三党合意。五％の消費税率を一四年四月に八％、一五年十月に一〇％に引き上げることで合意に達したが、当初の予定からは最終的に四年遅れたものの、一九年十月に一〇％への税率引き上げが実施された。

この三党合意の成立に向け、財務省主税局は比喩にさらなる磨きをかけ、次のようなキャッチフレーズで国民の理解を求めた。

「かつては胴上げ型だったが、一二年には騎馬戦型になり、五〇年には肩車型になる」

それぞれの比喩を説明すると、

・九人（野球）で一人を支える胴上げ型
・三人弱で一人を支える騎馬戦型
・ほぼ一人が一人を支える肩車型

へと、負担割合が変化していくことを象徴的に表現している。

胴上げ、騎馬戦、肩車と三つの比喩の並びが非常に絶妙で、この例えを耳にした国民は知らず知らずのうちに心の片隅へと刷り込まれていく。消費税導入当時からこの時点で二十数年の歳月が流れ、支える現役世代の人数がそれぞれ減少している点によくよく注目してもらいたい。

いずれにしても、論理が明快で、筋道が立ち、流れるような説明も政策当局にとって大事な要素だが、そこに絶妙な比喩が加わると説得力が一気に高まる。あんこに隠し味の塩をちょっぴり加えると甘さがいや増すように、カオスの状態から抜け出し、物事をまとめ上げるうえで絶妙の比喩がもたらす効用には想像以上のものがある。

そこで筆者の興味も手伝い、「胴上げ型、騎馬戦型、肩車型」の発案者を特定してみたい誘惑にかられた。当時の主税局と官房幹部の何人かに当たったが、「このキャッチフレーズは大変印象深く、自分でも説明の際に必ず使っていました」と話すものの、「でも、誰が最初に言い出したかと聞かれても……」と言葉を濁す結果に終始した。

結局、キーパーソンの特定はできなかったが、ある官房幹部からこんな示唆を受けた。この時、社会保障と税の一体改革の広報戦略を取り仕切っていたのは佐藤慎一総括審議官〔'80〕であり、そのチーム、あるいはその周辺から生まれたのは間違いなく、「広報戦略の最高責任者が総括審議官だったのは確かで、組織上、彼の了解がなければ外には出せない」ことから考えて、佐藤を絶妙の比喩の中心人物と見て異論はないだろうとのことであった。

加えて、社会保障と税の一体改革に「政治生命を懸けて実現する」と言って憚らなかった野田佳彦元首相も、このキャッチフレーズを好んで使っていたといわれる。税は国民生活に密着した話であるがゆえに寸鉄人を刺すような言葉が重要だが、官僚だけの知恵では空回りする危険があり、その言葉を政治の側が強力にバックアップしないと国民心理に深く浸透していくことは難しい。

消費税に関する三十年余の歴史を駆け足で振り返ったが、ここで、ある意外な、というよりも当然そうあるべきであった事実を披露したい。消費税の成立、導入から税率引き上げに深く関与した財務官僚のその後の人事についてである。

財務省の人事は、予算編成を担当する主計畑が常に出世コースの最前線を歩んだ。大蔵省不祥事が世間を騒がせた九〇年代後半以前、「主計にあらずんば人にあらず」といった風潮が当然視され、事務次官は主計局次長―官房長―主計局長経由が必須条件となり、主税畑が最後の栄冠を射止めるのは例外中の例外と見なされてきた。

だが、改めて主税局長経由の次官を年次順に挙げると、尾崎、小川、薄井、佐藤の四人がそれに該当する。尾崎、小川、薄井の三人は主税局長から国税庁長官を経て、佐藤は主税局長から次官に昇格したが、この四人に共通する背景にスポットを当てれば、ともに消費税を受け入れてもらうために知恵の限りを絞り、世論と格闘した人達であった点が浮かび上がる。

彼らの次官人事が発令されたあと、マスコミはこぞって「論功行賞」といった紋切り型の解説をしたが、本当にそうだろうか。官庁の中の官庁といわれる財務省でそんな見え見えの人事をしたら、政界のみならず他省庁からも足元を見られ、組織運営上、決してプラスにはならない。人事の究極は何を成し遂げたかにあり、主計を制して主税に軍配が上がったのは必然でもあったのだ。

「六つの懸念」の小川にしろ、「胴上げ型、騎馬戦型、肩車型」の佐藤にしろ、その根っこにあるのは心（ハート）であり、人情の機微を嗅ぎ分けるバランス感覚ではなかったか。そうした視点で消費税三十年史を振り返る時、筆者の心に最も印象に残った発言がある。売上税法案が廃案になり、もはや大型間接税導入は十年は無理とささやかれていた頃、尾崎主税局審議官が局内で強く主張した見方であり、筆者とのインタビューのたびにこの点を強調した。

「いろいろな人に話を聞くと、売上税を廃案にして、みなさんの心の中に〝しまった〟という思いが残っていた。それなら、売上税がなぜ受け入れられなかったかを反省し、もう一度やり直せばいいのではないか」

尾崎はその思いを、大蔵省の広報誌『ファイナンス』に「売上税独り語り」と題して三回にわたり連載し、三度目の正直である消費税挑戦へのきっかけをつくった。それが今の消費税につながるわけで、売上税廃案からわずか半年余で巻き返しに転じた、尾崎のバランス感覚が光るエピソードである。

「老後資金が二千万円不足」報告書の担当者は？

秀逸なキャッチフレーズに焦点を合わせ、それを世に問う政と官の連携プレーが実を結んだ事例を見てきた。繰り返しになるが、六つの懸念も、年金負担割合の比喩も、政治の強力な後押しがなければ官僚だけの判断で突っ走れるはずがない。

「政と官」の微妙なバランスは永遠の課題だが、一九年、従来では考えられなかった、ある〝事件〟が起きた。「老後資金が二千万円不足」を柱とする金融庁の審議会報告書に対し、麻生太郎財務相兼金融担当相が「正式な報告書としては受け取らない」と述べ、受理を拒否した事件だ。政権交代があれば別だが、大臣が諮問した審議会の報告書を、同じ大臣が受理しないのは恐らく前例がなく、政と官の関係に綻びが目立つことをはしなくも露呈した。

この事件が起きて間もなく、金融庁の幹部に受け取り拒否をどう考えるか、庁内の反応を含めて聞いてみた。

「キャッチフレーズの効用には大なるものがありますが、逆に、わかりやすさの裏側には言葉が独り歩きしてしまうリスクが潜んでいることも痛感しました。政と官の足並みが揃っていれば問題ないが、政治家に『俺は知らない』と開き直られると、役人はなす術がなくなる。もっと言えば、政治家は大臣を辞めても政治家でいられるが、役人はその瞬間に人生を棒に振ってしまう。まあ、参院選を間近に控えて、報告書を出すタイミングを誤ったと言われればそれまでですが……」

安倍晋三首相による長期政権が続く中、政と官のバランスは明らかに崩れていた。政治主導の政策決定は当然であり、行政の専門家集団である官僚が選択肢の提供者であるのは疑問の余地がないものの、最近とみに、官邸の意向を察して官僚が忖度して動く姿勢が度を越えているように映るのはなぜだろう。

この金融庁幹部は、こうも話した。

「この案件は総理に上がっている、あるいは官房長官にまで上がっていると聞くと、『もう議論してもしょうがないよ』と一気に引いてしまう。それどころか、『この件は官邸のＯＫを取るのが難しそうだから、あまり無理をしないほうがいい』とハナから思考停止に陥っているケースも見受けられます」

官僚の忖度が行き過ぎる背景に、中央省庁の幹部人事を一元管理する内閣人事局の存在がある。この制度自体に問題があるとは思わないが、運用が恣意的に行われていると官僚が感じる傾向が強まるにつれ、必然的に忖度の度合いが増す悪循環に陥っている。現在の制度は審議官級以上の六百人を対象にしているが、せめて局長級以上の二百人に絞り、忖度予備軍を減らす見直しが急務のように思われる。

実際に報告書を担当した**三井秀範**企画市場局長〔'83〕は、一九年七月の定期異動で退任した。事前に予想された人事で、「騒動の責任を取らされたわけではない」と庁内の見方はほぼ一致するが、三井本人は「ハシゴを外された」という思いを強く抱いているのではないか。

老後資金二千万円問題は、今こそ議論を深めるべき重要なテーマであると国民の多くが感じている。それなのに、政治家の「受け取らない」の一言で報告書を葬り去ってしまっては、官僚の知恵やアイデアを吸い上げるルートが狭まり、彼らが自己保身に走って行政が停滞するのは火を見るより明らかだ。出世すごろくが時とともにその趣を変えるとはいえ……。

第3章　浪人は次官への近道〜挫折を知らない集団とは本当か？

「入省までに意外に回り道をしている」

秀才では言い足らず大秀才、いや天才と呼んでもいい優秀な頭脳集団である財務省。今も世の中の人が思い浮かべるイメージに大きな変化はないと思うが、ここでは意外な事実をお目にかけたい。新聞記者の頃から霞が関の中でも財務省人脈をフォローしてきた筆者にとって、ほぼ四十年の歳月を経て初めて知る事実もあった。

この取材は、ある財務官僚とのちょっとした会話がきっかけになった。

「うちの事務次官経験者を調べてもらえばわかるが、入省までに意外に回り道をしている。むしろ、そんな人のほうがトップを極める確率が高いように思う」

何気ないやり取りに虚を衝かれたような思いがした。それまで財務官僚といえば、大学も国家公務員試験もストレート（現役合格）が当たり前と思い込んでいたが、改めて彼らの入省時の年齢を調べてみると予想外の結果が出たのだ。ともあれ、別表を見てもらいたい。

第1章で触れたように、戦後入省で事務次官に就任した人は、就任予定の矢野康治〔'85〕まで三十六人を数えるが、この表は入省時の年齢とその理由を調べて一覧表にしたものである。

二十二歳から二十五歳まで四年の年齢差があるが、基本的に二十二歳が現役、二十三歳が一浪相当、二十四歳以上が二浪相当以上と考えてもらえばいい。「相当」と断りを入れたのは、浪人のほかに留年や休学などのケースも含まれるためだ。

三十六人の内訳を見ると、現役十四人（三九％）、一浪相当十四人（三九％）、二浪相当以上八人（二二％）となる。かっこ内の比率からも明らかなように、現役が三九％なのに対し、一浪相当以上が六一％にのぼり、ほぼ四割が現役、残りが何らかの回り道をしている。

ただ、その理由をみれば一目瞭然だが、戦後間もなくの入省者は軍隊を経験した人がほとんどだ。吉瀬維哉〔'46〕から山口光秀〔'51〕まで六人の軍隊経験者を除いた内訳は、三十人中、現役十三人（四三％）、一浪相当十一人（三七％）、二浪相当以上六人（二〇％）になる。軍隊抜きでも現役が四割超、一浪相当以上が六割弱と回り道が相対的に多数を

氏名（入省年次）	生年・月	入省時年齢	理由
吉瀬維哉（46）	22・7	23	海軍主計中尉
大倉真隆（47前期）	25・1	22	海軍主計少尉
長岡 實（47後期）	24・5	23	海軍経理学校
田中 敬（48）	23・9	24	学徒動員
高橋 元（49）	24・1	25	海軍主計少尉
松下康雄（50）	26・1	24	留年
山口光秀（51）	27・9	23	海軍兵学校
吉野良彦（53旧制）	30・9	22	
西垣 昭（53新制）	29・10	23	
平澤貞昭（55）	32・4	22	
小粥正巳（56）	31・8	24	理科（旧制一高）→文科転科
保田 博（57）	32・5	24	高3で休学、大4で公務員試験受験できず
尾崎 護（58）	35・5	22	
斎藤次郎（59）	36・1	23	浪人
篠沢恭助（60）	37・3	23	
小川 是（62）	40・2	22	
小村 武（63）	39・9	23	浪人
田波耕治（64）	39・9	24	一浪一留
薄井信明（65）	41・1	24	浪人
武藤敏郎（66）	43・7	22	
林 正和（68）	45・4	22	
細川興一（70）	47・6	22	
藤井秀人（71）	47・12	23	浪人
津田廣喜（72）	48・8	23	浪人
杉本和行（74）	50・9	23	東大入試中止
丹呉泰健（74）	51・3	23	同上
勝 栄二郎（75）	50・6	24	早大卒業後東大法に学士入学
真砂 靖（78）	54・5	23	留年
木下康司（79）	57・3	22	
香川俊介（79）	56・8	22	
田中一穂（79）	55・10	23	浪人
佐藤慎一（80）	56・11	23	
福田淳一（82）	59・10	22	
岡本薫明（83）	61・2	22	
太田 充（83）	60・4	22	
矢野康治（85）	62・12	22	

占める。

この事実を初めて知った読者の感想は、どのようなものだろう。幼くして神童と呼ばれ、長じてからは秀才、あるいは天才の評価をほしいままにした彼らは、有名進学校からストレートで東京大学に合格し、国家公務員試験もトップクラスで一発合格して財務省に入ったという、先入観を持って見ていたのではないか。

それが、いざ蓋を開けてみて六割以上が回り道と聞くと、エリート中のエリートである財務官僚に対する固定観念が揺らいでしまうかもしれない。いや、逆に財務官僚とて人の子、人生に躓《つまず》くこともあるだろうと、むしろ自身の同類を発見したような安堵感を覚える向きもあるに違いない。

受け止め方は読者に任せるとして、次官経験者の中から印象に残った回り道組の何人かを紹介してみたい。前に「ほぼ四十年の歳月を経て初めて知る事実」と思わせぶりな書き方をしたが、最初に登場してもらうのはまさにその人物であり、戦後入省者では退官後を含めて最も出世した**松下康雄**元日本銀行総裁〔'50〕である。

今から四十年前の一九八一年、筆者が初めて大蔵省の記者クラブである財政研究会を担当した時、松下は主計局長のポストに就いていた。赴任の挨拶前に人物情報を仕入れていたが、それは松下の大秀才ぶりを窺わせるものばかりであった。

「松下さんは神戸一中（現兵庫県立神戸高校）始まって以来の大秀才と謳われた。旧制中学時代の同期に、共産党切っての論客として鳴らした正森成二さん（元衆議院議員）がいて、二人はライバルとして成績を競い合ったそうだ。旧制一高ではドイツ語を専攻したが、ドイツへの留学経験がないのに語学力も群を抜いて、独高級誌シュピーゲルを辞書無しで読んでいた」

人間の器というか、懐の深さも人並み以上であり、主計局主査（課長補佐相当）の頃から「将来の次官候補」の前評判が高まった。その後、主計、主税、銀行局の主要ポストを満遍なくこなし、出世の階段を順調に駆け上った。

東大法学部の学生時代に恋愛問題

ところが、次官当確が打たれた官房長時代に、将来を大きく左右する不祥事に見舞われる。カラ出張や宴会行政など「公費天国」問題が世論の厳しい指弾を浴び、その矛先は官庁の中の官庁である大蔵省に集中した。同省は接待に行き過ぎがあったことを認め、長岡實次官（'47後期）と松下官房長を戒告処分にして収拾を図るが、松下本人は不祥事と直接の関わりはなく、「率先して泥を被ることで組織を守り、関係者の誰もが彼には頭が上がらなくなった」との受け止め方が省内では支配的だった。

この戒告処分にもかかわらず、官房長のあと主計局長を経て事務次官に昇り詰め、「大物次官」の証明とされる二年間の任期を全うした。ただ、これだけ出世コースの王道を歩みながら、退官後は日本開発銀行や日本輸出入銀行など次官経験者の指定席には座らず、民間の太陽神戸銀行に頭取含みの取締役として天下った。これら政府系金融機関への天下りは松下自身が断ったとされ、この時点では戒告処分に対するけじめをつけたい、とする本人の意向が強く反映されたと思われる。

太陽神戸在任中に三井銀行との合併を成し遂げ、さくら銀行の誕生に一役買った。その余勢を駆ってというわけではないが、大蔵省ＯＢの強力な推薦を受けて日銀総裁候補に浮上、日銀からの反発もほとんどないまま、次官経験者としては最高の天下りポストを掌中に収めた。

そんな華麗なエリートコースを歩んだ松下だが、入省時の年齢が二十四歳と年を喰っているのが引っかかった。官房秘書課が作成する人事録を見ても、軍隊経験は書かれていないし、遅れた理由に触れた記述は見当たらない。「あれだけの大秀才が、なぜ回り道をしたのか」が気になり、すでに松下が死去していたため、彼と親しかったであろうＯＢの何人かに真相を聞いて回った。

空振りを覚悟で話を聞いているうち、あるＯＢが「何でそんなことに興味があるの」と苦笑いしながら、ぽつりぽつりと思い出話を始めた。

「大先輩から大昔に聞いた話で記憶が定かではないが、確か、東大法学部の学生時代に恋愛問題を起こしたんじゃないかな。それも、教授だか助教授だかの奥さんと不倫して、結果的に留年か何かせざるを得なくなったと聞いたことがある」

回り道は、不倫が原因？　あまりに想像を絶する話に、二の句が継げなかった。松下の場合、回り道どころか、人の道を大きく外れた時期があったということで、筆者が抱く松下のイメージががたがたと崩れていくのを意識した。

これは結果論だが、日銀総裁在任中に大蔵省・日銀接待汚職事件のスキャンダルが起こり、その責任を取って任期途中で辞職に追い込まれたのは、かつて若き日の不倫事件という、彼の人生の中に何か引きずるものを抱えていたからか。もっとも、これは結果論というより運命論の類いで、一笑に付される見方かもしれないが……。

〝官僚ヤクザ〟が二年遅れた理由

次に、同じ二十四歳で入省した保田博元国際協力銀行総裁〈'57〉。風貌といい、立ち居振る舞いといい、誰が名づけたか〝官僚ヤクザ〟と呼ばれた。本人もこのニックネームを「仁義に篤い人」と解釈して、前向きに受け止めていた。主計局の公共事業担当主計官（課長相当）時代には予算を切りまくり、別名〝ぶった切りのやっさん〟の称号を奉られたこともある。

蔵相秘書官で仕えた福田赳夫元首相〈'29〉にことのほか可愛がられ、その後、福田が経済企画庁長官になった時も、首相に就任した時も秘書官に取り立てられた。仕事に対する口の堅さには定評があり、そこが大蔵ＯＢでもある福田の信頼を得た要因といわれるが、官僚ヤクザの仇名通りに、どこかさばけた、人情味を感じさせる温かい人柄も併せ持っていた。

二度目の財研担当となった八九年、ある会合での思い出話が忘れられない。大蔵省幹部と財研記者との懇親会があり、たまたま官房長の保田と同じテーブルに座った。

日頃の取材で耳にしていた噂話を、こんな席ならいいだろうと気楽に尋ねてみることにした。広島県呉市の出身で、その人柄が慕われて地元に大勢の保田シンパがおり、すべて面倒を見るから国会に出てほしい、と熱烈な出馬要請を受けていた事実についてだった。

この質問をぶつけてみると、保田は「いやいや、そんなことは……」とあまりその話題には触れてほしくないといった表情で、話をやり過ごそうとした。今と違って当時の大蔵省では、途中で選挙に出るのは、出世コースを外れた二流の人物のすることと見られていた時代だった。噂話の確認もこれで終わりかと思っていたところ、故郷・呉が引き金になったのか、問わず語りに高校から大学時代にかけての異例ともいえる人生体験を語り始めた。

「私は大蔵省に入るまで、仲間より二年も遅れてしまった。広島の県立呉三津田高校時代、テニスに熱中し過ぎて胸を病んだ。一年間休学せざるを得なくなったが、自分より一年後輩のクラスに入るのもシャクだと思い、東京にいる友人の下宿に転がり込んで都立日比谷高校の編入試験を受けて三年生を二度やった。もう一つは大学四年の夏。夏の暑い盛りに扇風機をがんがんかけて公務員試験の勉強しているうち、大風邪をひいて高熱を発し、救急車で病院に運ばれ試験を受けることができなかった。翌年受けて何とか合格したが、ここでも一年遅れてしまった」

すでに次官昇格が確実視されていた保田の話を聞きながら、エリートとは無縁の「挫折」という言葉が脳裏に浮かんだ。そうした若き日のハンディをものともせず出世街道をひた走る人物を目の前にして、「本人の実力は言わずもがな、大蔵省という組織もなかなかやるじゃないか」と素朴な感想が胸の内を駆け巡った。

トップに上り詰めたドイツからの帰国子女

一気に年次が下って、**杉本和行**前公正取引委員会委員長〈'74〉と**丹呉泰健**JT＝日本たばこ産業＝会長〈同〉の理由に書かれた「東大入試中止」に話を進めよう。学園闘争の煽りで東京大学が入学試験の中止に追い込まれたのは前代未聞の出来事だったが、二人はそのとばっちりを受けた人達だ。

その頃の心象風景を、杉本に聞いたことがある。兵庫県立姫路西高校時代から官界や法曹界を目指すなら東大がいいと考えていたが、いざ受験しようとするといきなり門が閉ざされてしまった。仕方なく受験先を京都大学に変更し、受けてみると合格した。「でも、京大の入学式の日からバリケードができて、ずっと授業がなかった。一年間ほとんど授業が行われないまま、別に何かをやっていたわけでもなかったので、翌年東大を受けて入ったという感じです。当時は今と違って入試科目が九つあり、とくに集中的に受験勉強をやらなければならない状況でもなく、それが非常に幸運でした」

いとも簡単にそう言ってのける杉本だが、頭脳もさることながら初心を貫徹しようとする意志の強さを感じた。加えて、人間一つのハードルを乗り越えると気が緩むものだが、一度京大に入りながらさらに東大を目指すというのは、緊張を持続させる精神力に優れていたということだろう。東大の入試中止は不可抗力の事態とはいえ、そこで諦めずに再度巻き返ししたたかさのようなものが、入省後の出世レースにもプラスとして働いたのは間違いない。

杉本と同期の丹呉は一浪したあと、再開された東大の入試に合格、公務員試験もパスして大蔵省に入った。戦後間もない頃には同期から二人の次官が出た例があるが、その後途絶えていた複数次官が復活したのは東大入試中止組からであり、学生が二年間に跨がって人材の層が厚かったという証明なのか。

杉本らの一年後輩に当たる勝栄二郎ＩＩＪ＝インターネットイニシアティブ＝社長〔75〕は、次官経験者の中でも異色の経歴が際立つ。父親が商社のドイツ駐在員を長く務めたため、物心ついた頃から中学生にかけて現地で過ごした。家庭では日本語も話していただろうが、学校での会話は当然ドイツ語が中心であった。

高校入学を機に日本に帰国したものの、当時、ドイツ語で授業を受けられるのは私立獨協高校など一部に限られていた。勝はここから早稲田大学法学部に進み、さらに東大法学部に学士入学して国家公務員試験と司法試験に備えた。

結果的に両方の難関を突破し、大蔵省に採用されて官僚の道を選ぶが、幼少期からドイツ語中心に培われた頭脳でこれらの試験をパスしたのは、本人の努力もさることながら地頭の良さが抜きんでていたからだろう。勝に初めて会ったのは、彼が主計局の農林係主査の時だったが、ぼそぼそと話す日本語がほとんど聞き取れず、「この人、この組織で本当に勝負できるのか」と思ったが、出世コースの農林係主査から中枢を外れることなく次官の椅子まで駆け上った。

近年の入省者は全員留学が原則なので、海外や外国語にアレルギーを感じない国際派が増えている。しかし、高校生ぐらいで日本に帰った帰国子女が、公務員試験に挑戦しようとしても筆記試験の壁があって合格は言うべくして難しいのが現実である。そういう意味で勝はこの分野の先駆者であり、彼のような真の国際派がもっと霞が関を目指せる受け皿づくりが求められていると思う。

「国家公務員試験一番は次官にはなれない」ジンクス

ここまで見てきたように、財務官僚の中でもトップエリートといえる次官経験者だが、それぞれ十人十色の人生経験をしている。ここで取り上げた人達だけでも絵に描いたようなエリートコース一直線ではないことを理解してもらえるだろうし、回り道組が六割以上を占めることもそれなりに納得がいくのではないか。

高級官僚、とりわけ財務官僚には、「挫折を知らないエリート集団」というイメージが常について回る。だが実際は、寄り道せずに最短距離で財務省に入るより、多少回り道した人のほうが最後の栄冠を手にする確率が高いのは、どんな理由によるのだろう。

無論、その疑問に明確な答えなどあるはずはないが、次官経験者をはじめ何人もの財務官僚に質してみたり、自分が接してきた彼らの人となりを整理してみると、ある共通項が見えてくる。それは人として考えれば当然の結論ともいえるが、心の温かさが滲み出る人間味であり、もっと砕けた言い方をすれば、愛嬌や可愛げといった人間性の豊かさを示す何かである。

財務官僚に限る話ではないが、どんな世界でも回り道をした人のほうが、人間味を感じさせるプラスアルファを持っているケースが多い。一年、二年の浪人や留年で大袈裟ではないかという指摘もあろうが、一度失敗しても挫けずに淡々と頑張る日々の中で、おのずと培われる人としての優しさのようなものはあるはずだ。まして十代後半の傷つきやすい青春の一時期であれば、想像以上に大きな影響をのちのちまで人格形成に及ぼすことは十分考えられる。

そして、この人間味に付加される愛嬌、可愛げという要素は、組織を生き抜くうえで重要な潤滑油になり得る。パナソニックの創業者である松下幸之助は、社員を採用する際の条件として「運と愛嬌」を重視したといわれるが、東大法卒中心の同質性の高い財務省のような組織では、とくに政治家の中でも二世や官僚出身ではないたたき上げの議員との付き合いで、この部分が意外な効果を生むことがあるという。

腕一本でのし上がってきたこのような議員は、財務官僚に対して、はなから「いかにもエリート面した、いけ好かない奴」という態度で接してくる。そのギクシャクした緊張感を取り除かないと、日々の根回しにも支障が出るが、こんな会話が緊張を解きほぐすきっかけになることがあるそうだ。

「どうせ、君達はエリートだからな」

「いや、先生、私も一年浪人してそれなりに苦労しました」

「へえ、君らでも浪人なんてするのか」

そんなやり取りが契機となって気心が知れ、根回しがうまく進むようになったと聞いたが、こんな一面も政治家からすれば、鼻持ちならないエリートに見られがちな財務官僚の愛嬌や可愛げに映るのかもしれない。

人間味や愛嬌などですべてを言い尽くせるわけではないが、ある一面は鋭く突いていると思う。あえて単純な物言いが許されるなら、偏差値教育による学校秀才と組織でもまれる社会人秀才とは別物、ということを言外に示唆しているのではないだろうか。

さて、本人の話を聞いただけでは本当かどうか、真意のほどを確かめようのない回り道の人物もいる。勝の三年後輩に当る**真砂靖**日本テレビホールディングス社外取締役〔'78〕で、組織で出世するのに性格の明るさは大事な要素だが、その典型といっていい真砂が公務員試験にまつわる秘話をいかにも楽しげに話してくれた。

「官庁回りしていた時、ある友人から『大蔵省の秘書課にすごく可愛い娘がいるぞ』と聞いたので、さっそく冷やかしに行った。その娘を見て帰ろうと思っていたら、当時秘書課にいた**細川興一**課長補佐〔'70、のち次官〕に呼び止められていろいろ説明を受けた。

話を聞いているうち次第に心が動いてきたが、その時点では学部の成績に『優』が四つしかなく、『もっと取れ』とハッパをかけられた。その後、留年して優の数を十以上増やし、翌年公務員試験を受け直して大蔵省に入ることができた」

話半分にしても、すごく可愛い娘がきっかけで大蔵省を目指すことになったその動機が振るっている。まして最終的に事務次官にまで昇り詰めた——ちなみに勝のあと七六、七七年と二年間次官が出なかった——ことを考えると本人の能力はもちろんだが、回り道がもたらすプラスアルファがあったのかもしれない。

実は、財務省の次官レースには一つのジンクスが語り継がれる。それはずばり、「国家公務員試験一番は次官にはなれない」というものだ。

三十五人すべてに直接確認したわけではないので、軽々な結論を下すのは差し控えるべきかもしれない。が、私の取材が正しければ、現役は言うに及ばず公務員試験一番で次官にまで昇格したのは吉野良彦〈'53旧制〉ただ一人である。率にして、三%に満たない。単なる学校秀才では、三十数年間の出世レースを勝ち抜いて栄光の椅子に辿り着くのはやはり難しい。

第4章　灘・麻布出身者がトップになれない理由

出身高校から見た出世の構図

「歌は世につれ、世は歌につれ」ではないが、時代とともにそれまでの流れが雪崩を打つように変化することがある。官界にあって東京大学法学部卒の優位はいまだ揺るがないものの、出身高校から見た出世の構図は明らかに変わっている。官界最高峰の財務省を見ると、戦後入省で事務次官の椅子を射止めた三十五人の出身高校＝33頁の表参照＝は、大きく三つの期に分けられる。

「旧制一高、都立、地方」

旧制一高は、旧制第一高等学校の略称で、今日で言う東大教養学部の前身であった。日本全国から最優秀の頭脳が集まるとともに、官僚養成学校としての機能も持っていたので、そこの出身者が次官の椅子をほぼ独占していたのは当然といえば当然であった。多少の例外はあるが、表の吉瀬維哉〔'46〕から小粥正巳〔'56〕までがそれに当たる。

次に、都立高校全盛の時代で、**平澤貞昭**〔'55〕から薄井信明〔'65〕までが二期目。日比谷をはじめ、戸山、小石川、新宿高校などが覇を競い合う時期が長く続いた。当時、最も東大進学者数が多かった日比谷高校は表のうえでは二人にすぎないが、日比谷高校の前身であり、旧制一高への進学コースだった旧制一中の卒業者を含めると五人にのぼる。

ところが、学校群制度が導入された一九六七（昭和四十二）年以降、そうした進学地図はがらりと変わった。それぞれの高校に進学できる地区を限定したために受験生が大幅に制限され、東大合格者数が激減していった結果、必然的に官界でトップを究める人物が輩出しにくくなったのだ。

そして、そのあとを襲うように台頭したのが地方高校で、細川興一〔'70〕から現次官の太田充〔'83〕まで続く。北は北海道から南は島根、愛媛県まで幅広い府県に及ぶ。ちなみに太田の出身、県立松江南高校は島根県にある（ただ、ここに私立開成高校が三人も出てくるが、この点については後段で詳述する）。

こうした時代の趨勢を財務官僚の出身高校から分析するのは興味深いが、それ以上に興味を引くのは、東大合格者数高校ランキングの上位に常に顔を出す、私立の灘、麻布高校の出身者がいまだ次官ゼロの事実である。財務省には語り継がれるいくつかの謎があるが、これもその一つに数えられてきた。

なぜ次官が一人も出なかったのか、この種の話は概して「偶然」とか「たまたま」とか月並みな言葉で片づけられがちだが、本当にそうだろうか。都会派を代表する灘、麻布がいまだゼロの背景に何が隠されているのか、私なりの探索を始めることにしたい。

都会派vs.地方派

この視点で筆を進めるにあたり、都会派対地方派を象徴する次官争いにスポットを当ててみよう。それは、優秀な人材が揃った七〇（昭和四十五）年組であり、二つの派が熾烈な出世競争を繰り広げた結果、灘、麻布が一敗地に塗れて今日に至っているからだ。

大阪万国博覧会が開かれた年に入省した七〇年組は、**髙木文雄**官房長〔'43〕―長岡實秘書課長〔'47後期〕―小粥正巳秘書課課長補佐〔'56〕と、いずれものちに次官に昇格する官房ラインが採用した年次であった。髙木は常々「ピカ５」を口癖にしており、同期の中に「ピカッと光る五人の優秀な人材がいればその期は安泰」というニュアンスでこの言葉を使っていた。

二十二人の同期でスタートした七〇年組だが、入省から十数年、課長補佐の最後の頃に将来の次官候補が噂にのぼるようになる。筆者が財政研究会を担当していた八三年当時、ピカ5には一人欠けるものの、五十音順に名前を挙げると次の四人が次官争いの先頭集団を走っていた。

岩下正・主税局税制第一課課長補佐
坂篤郎・官房調査企画課課長補佐
原口恒和・主計局運輸係主査
細川興一・主計局農林係主査

東大法学部卒以外は次官レースに加われない時代の大蔵省で、四人はいずれも同じスタートラインに立ってハンディはなかった。この時の肩書きも、細川の主計局農林係主査がわずかに一歩抜け出たように映ったが、ほぼ横一線との受け止め方が省内では支配的であった。

加えて、四人の出身高校を書いておくと、以下のようになる。

岩下＝宮城県立仙台第一高校
坂＝私立麻布高校

原口＝私立灘高校
細川＝富山県立富山高校
一見して明らかなように、灘、麻布といえば、東大合格者ランキング上位の進学校である。それに対して、富山、仙台第一は地方の有名校ではあるが、大蔵省の中では極めて少数派の存在だった。
いや、ここで強調したいのは出身校そのものではなく、「都会派」か「地方派」かという色分けにある。前者の灘、麻布を都会派とし、富山、仙台第一を地方派と位置づけてもそれほど異論は出ないだろう。この都会派対地方派というくくりで見ていくと、旧制一高—東大法が主流だった時代は、ほぼ全員が都会派に色分けしてよかっただろうし、現に彼らの大半が次官の椅子を射止めてきた。
それが、旧制から新制に衣替えして以降、出身高校にバラつきが生まれた。それでも日比谷、戸山、新宿といった都立高校や、麻布、灘、開成などの私立高校が優位に立ち、地方高校の出身者は概して次官レースに食い込めない現実があった。
こうした都会派と地方派の色分けが、他の年次より色濃く現われたのが七〇年組であり、私自身の率直な感想でいわせてもらえば、課長補佐を卒業する頃は、細川と岩下と地方派の二人がやや先行しているように見えたものだ。

個人差があるので一概にはいえないものの、都会派対地方派を単純に比較すると、都会派は外見からしてスマートで、いわゆるシティボーイを思わせる人物が多かった。政策や法律をまとめる際も、鼻歌交じりとはいわないまでも、苦労の素振りを見せずに余裕を持って仕事をこなしてしまうタイプが目についた。

一方、地方派は服装なども泥臭く、どこかしら野暮ったく見える人が少なくなかった。仕事もこつこつと粘り強く進めるタイプが大半で、国家の財政政策を差配する大蔵省ゆえか、国士型官僚を彷彿とさせる人物が散見された。

ピカ5と同様、大蔵省に古くから伝わる隠語に「ワル」という言い回しがあった。先に触れたように、「悪党」を意味するわけではなく、むしろ「とりわけ優秀な人間」がこう呼ばれた。頭の切れ味は抜群、でもそれだけで一頭地を抜くのが難しい大蔵省では、相手を幻惑する仕掛けができたり、時には仕掛けたハシゴを外したり、それらを平然としれっとこなしてしまう人物を総称して「ワル」と称えてきた伝統がある。

この隠語の説明から類推されるように、ワルになり得る素質を持った人物は、やはり都会派が中心になる。スマートどころかダンディでさえあって、苦労の様子さえ見せずに政策や法律を通してしまう軽妙さは、泥臭いこつこつ型の地方派からはなかなか生まれにくい。

四人の中から筆者の独断と偏見で、典型的な都会派対地方派を色分けすると、前者が坂、後者が細川であった。

東京生まれの坂は、現役の官僚時代もホンダの真っ赤なＮＳＸで大蔵省に乗りつけるなど、シティボーイを絵に描いたような大蔵官僚の一人であった。一方の細川は坂と正反対といっていいほど、軽妙さ、スマートさとは縁遠く、仕事一筋の毎日で、何より夜の宴会嫌いで通っていた。

それから十年余が過ぎた九四年、四人のポストがどうなったかを比較してみる。この年に焦点を合わせたのは、「官房三課長」と呼ばれる重要な関門が待ち受けていたからだ。文書課長、秘書課長、調査企画（現総合政策）課長の三つで、次官への登竜門としてこれらのどれかひとつを経験することは必須であり、できれば文書課長か、秘書課長のどちらかを経験しておかなければならない。

岩下・首相秘書官

坂・調査企画課長

原口・主計局総務課長
細川・文書課長
結論からいうと、七〇年組からは秘書課長が出なかったので、文書課長か調査企画課長、とりわけ文書課長に就くかどうかが雌雄を決する決め手になったといえる。坂は調査企画課長を経験して必須条件はクリアしたものの、文書課長を射止めた細川とはこの時点で明暗を分けたといっていい。
だが、この頃を境にバブル崩壊に伴う金融機関の不良債権が、加速度的に膨らんでいった。その行き着く先は金融機関の破綻であり、九七年の三洋証券に始まり、北海道拓殖銀行、山一證券……など戦後初の大型倒産が相次いだ。
それは同時に、日本の財政金融の総元締めとして君臨してきた大蔵省への激しい官僚バッシング（叩き）となって現われた。単に、護送船団方式と揶揄された金融行政の手法が批判されただけでなく、金機機関から受けた夜の接待のあり方など官民の癒着ぶりに国民の激しい視線が向けられたのだ。
大蔵省不祥事を糾弾するマスコミのキャンペーンは日々激しさを加え、九八年三月、東京地方検察庁が証券局総務課課長補佐（キャリア組）と、証券取引等監視委員会上席証券取引検査官（ノンキャリア組）の二人を逮捕するに及んでピークに達した。この直後の同年四月に大蔵省は接待疑惑の対象となった幹部など百十二人の大量処分に踏み切り、一連の不祥事に対するけじめをつけた。

当然、中堅幹部の立場にある七〇年組からも処分の対象となる人物が出た。逮捕者の上司であった原口金融検査部長、岩下在米日本大使館公使がともに戒告となる一方、細川と坂は処分を免れた。

大量処分後、細川は主計局次長—官房長—主計局長と絵に描いたような出世コースを歩み、〇四年に事務次官のポストを射止めた。この時をもって七〇年組の次官レースに最終的な終止符が打たれるとともに、地方出身者がトップを極める大きな流れへの転換の年ともなった。

一人の次官を生むために同期の他のメンバーは、それ以前のどこかで身を引かなければならない運命にある。細川を除く他の三人がどのようなポストで退官したか、以下に列記してみる。

岩下・財務総合政策研究所長

坂・内閣府審議官

原口・金融庁総務企画局長

地方高校、それも公立の出身者が次官を制した七〇年組にあって、他の省庁で次官を争ったのが、灘の原口と麻布の坂であった。前記の最終ポストから明らかなように、原口は金融庁長官に一歩及ばず、坂も内閣府では次官級の審議官に就いたものの、次官を目の前にして涙を呑んだ。

ピカ5に限りなく近かった七〇年組は、細川が早くから先頭を走っていたとはいえ、原口と坂に次官の芽が全くないわけではなかった。彼らから四年後の七四年以降、同期から二人、あるいは三人の次官輩出も珍しくなくなったことを考えると、細川のあと次官に名を連ねてもおかしくはなかっただろう。それがなぜ実現しなかったのか、二人の官僚人生最後の戦いに迫ってみる。

思いも寄らぬ落とし穴

初めに、神戸の医師の家庭に生まれ、灘高校に進んだ原口——。

ここで灘の沿革に触れておくと、この地方で酒造業を営む嘉納家によって一九二七(昭和二年)に設立された。講道館柔道の創始者である嘉納治五郎が、創設時に顧問として参画したことでも知られる。神戸市東灘区にある中高一貫教育の男子校で、都立に学校群制度が敷かれた六〇年代後半、東大合格者数でそれまでトップに君臨してきた日比谷を抜き、私立高校として初めて首位の座に就いた。

そんな灘出身の原口は、七〇年組でも飛び切り秀才の誉れが高く、国家公務員試験の成績は一番であり、省内でしばしば語られるこの人の灘時代のエピソードがある。「灘中学、高校六年間を通じて、五番以下に下がったことがなかった」というものだ。

秀才揃いの灘で、ここまで安定した成績を収められるのは大秀才の証明であろう。主計局総務課長、近畿財務局長、総務審議官、理財局長と出世コースを歩み、同期に細川という本命がいたため頂点は難しかったものの、国税庁長官は当確と見られていた。

だが、二〇〇一年当時の**柳澤伯夫**金融担当相（61）に請われ、金融庁に出向したところで思いも寄らぬ落とし穴が待ち受けていた。総務企画局長という筆頭局長のポストに就き、あとは金融庁長官に昇格を待つばかりと思われていた翌〇二年、突然、依願免職の辞令が発表されたのだ。大蔵OBの柳澤との折り合いが悪く、最後は詰め腹を切らされたという噂が流れたが、長官を目前にして退官を余儀なくされた異例の人事に対し、霞が関に衝撃が走ったのはいうまでもない。

灘出身者が一人として財務次官どころか、金融庁長官にさえなれない現実に、さまざまな解説なり、憶測なりがささやかれた。あくまで後講釈のそしりを覚悟で、その主なものを拾うと、次のような声がよく聞かれた。

まず、灘は最難関の東大医学部に進学する理科Ⅲ類の合格者が多く、法学部に進む文科Ⅰ類のそれが多くない。法学部に進んでも、他の進学校に比べて官僚志望者がかなり少ない現実がある。

次に、それが灘の文化なのか、あるいは東京に対抗する関西の文化なのかどうかわからないが、官庁などで上を目指そうとする上昇志向の強い人があまりいないという見方だ。がつがつ上を目指そうとする人に対し、「格好悪い」と否定的にとらえる傾向が強く、学校では〝ガリ勉〟と見られることを極度に嫌う風潮があるという。

さらに、灘出身の精神科医で、受験教育に関する著書も多い和田秀樹・国際医療福祉大学大学院教授の指摘によると、中学受験に問題があるという。灘の入学試験は、算数、理科、国語の三教科だが、開成や筑波大学附属駒場のそれはこの三科目に社会科が加わる。この頃から社会科を勉強するかどうかは、社会に対する興味や関心を高めるうえで極めて重要で、「社会科が課されると新聞をよく読むようになるが、灘出身者はその点に欠けて世事に疎《うと》い人が多い」というのである。

東大の敷地内で生まれた男

もう一人、麻布出身の坂――。

麻布は、一八九五（明治二十八）年、江原素六により麻布尋常中学校として、東洋英和学校の敷地内に設立された。こちらも灘と同じく、中高一貫教育の男子校。戦後の新学校制度が発足して以降、東大合格者数で上位十傑から落ちたことがない全国唯一の私立校として知られる。

坂は生来、都会派の雰囲気を身にまとっていた人物であった。生まれは、東京・文京区の向丘。東京大学とゆかりの深い地名であり、旧制一高の寮歌『嗚呼玉杯に花うけて』の一節に「向ヶ岡にそそり立つ、五寮の健児意気高し」と歌われるように、かつての東大の敷地内で生まれ、育っている。

小学校時代は学習院に通い、中学、高校と麻布で学び、現役で東大に合格した。小学校から大学まで歩んだコースといい、生まれ育ちといい、キャリア官僚になるべくしてなった人物といえないこともない。

国際金融局投資第一課を振り出しに、同総務課課長補佐、ニューヨーク総領事館領事など主に国際畑を歩いた。帰国後は一転して国内畑に転じるが、消費税関連法案成立から導入まで、直接担当の主税局税制第二課の企画官として、税制改正への理解を求め関係者に説明して歩く坂の姿が印象に残っている。

七〇年組の出世レースで、坂にスポットが当たったのは、同じ麻布出身の橋本龍太郎元首相との関係だった。消費税廃止運動が燃え上がった八九年、橋本が蔵相に就任すると秘書官として仕えた。さらに七年後の九六年に橋本が首相に上り詰めると首相秘書官に任命され、麻布コンビで首相を支えた。

同じ中、高の先輩、後輩という立場で、周りからは色メガネで見られることもあるが、そこが坂のシティボーイたるゆえんなのか、同期の一人は当時の彼をこう評した。

「ほどよい距離感とでもいうのだろうか、橋本さんにべったりでもなく、離れすぎるわけでもなく、絶妙な関係を保っていたね。何事につけ軽妙さが彼のトレードマークだったが、そんな彼なりの芸風が秘書官時代に最も生きたように思う」

財務官僚としては内閣府審議官で退官するが、その後、内閣官房副長官補や日本郵政副社長・社長などを歴任した。内閣府政策統括官時代、構造改革のあり方をめぐって竹中平蔵経済財政担当相と激しい火花を散らしたことは、今も財務省内で語り草になっている。

坂の生まれが東大のすぐ近くだったことは前に触れたが、実家は地方から修学旅行などで上京する、中、高校生のための学生旅館を営んでいた。そこに、高校生の頃宿泊したことのある同期がいた。富山高校在学中の細川で、模擬試験を受けるために上京した際に泊まったという。

「その時、坂のお母さんと世間話をする機会があった。『うちの子は子供の頃、身体が弱くて心配だった』とか、『来年は息子も東大受験なのでよろしく』とか話したが、大蔵省で一緒になった時は妙な縁を感じたね」

のちに都会派と地方派で出世レースを繰り広げる坂と細川が、こんな接点を持っていたエピソードはちょっと心をなごませる。

多少話が脱線したが、灘と同じく麻布それ自体の校風や教育方針に、いまだ次官ゼロを物語る何らかのネックが潜んでいるのか。こちらも麻布卒の関係者の証言を交えながら、真相に迫っていきたい。

東京・港区の元麻布にキャンパスがあり、立地条件からして都会派の最たる学校といっていい。そのうえで関係者がほぼ口を揃えて指摘したのは、「都会派ニヒル」という斜に構えた表現であった。

「開成と比較するとわかりやすいが、開成は石に齧《かじ》りついても、この難局を切り抜けようと必死に努力する。それに対して、麻布はスマートさを求めるというのか、格好を気にするというのか、必死になって頑張る姿を他人に見られたくないと考えがちだ」

そう開成対麻布の校風を対比しながら、別の角度からこんな見方を披露した。

「一言でいえば、頭は良いけど、どこか醒めている。受験勉強にうつつを抜かすくらいなら、ニーチェを読んでいるほうが格好いい。受験戦争に背を向けるポーズを取りながら、軽々と東大に合格してしまうみたいな、そういう人間が評価される傾向が非常に強い」

創立以来の「自由闊達・自主自立」の校風で育つと、都会派ニヒルの言葉そのままに、頂点を目指して一心不乱に努力するといった姿に引け目を感じるのだろうか。その目指すべき先が「立身出世」であればなおさらで、腹の内はともかく、「次官になりたい」などという願望は微塵も感じさせてはならないし、それを仲間に悟られたら恥ずかしいと思うようだ。

そうした都会派ニヒルの行動様式は、組織にあって群れることを嫌う態度となって現われる。よくいえば「長いものには巻かれない」独立自尊の精神を貫くことにつながるわけで、北杜夫、小沢昭一、ドクター中松など麻布出身の有名人を見ても、自由な生き方を謳歌した人物像が浮かんでくる。官界でも、元経産官僚で安倍政権を激しく批判した古賀茂明や、文科省次官を引責辞任した後に『面従腹背』（毎日新聞出版）という本を出して話題を呼んだ前川喜平をはじめ、一筋縄ではいかない人物が少なくない。

ただ、都会派ニヒルは文学や芸能、発明の世界では通用しても、官界では通じにくい面がある。まして官庁の中でも上意下達の軍隊組織に似て一糸乱れぬ統制ぶりを身上とする財務省では、長いものに巻かれる姿勢を見せないと、上司の評価を得られにくい体質があるのも確かなのだ。

ついでながら付け加えると、麻布と灘は、双方の間で転校が可能な規定になっている。その事実一つ取っても、両校の似たような校風を物語るのかもしれない。

開成は都会派じゃない？

事務次官経験者の出身高校が、一期目の都立高校から三期目の地方高校に移ったことは先述したが、その間に三人の開成高校出身者がいるではないか、と疑問に感じる読者もいるかもしれない。開成は私立なので都立には属さないものの、都会派には違いないのではないか——と。

御説ごもっともで、都内に校舎があり、東大合格者数ナンバーワンの高校としての評価が定着している。実際、一九八二（昭和五十七）年から今日まで三十数年間連続トップの実績を残しており、押しも押されもせぬ日本最高の進学校といっていいだろう。

開成の沿革を駆け足で辿ってみると、一八七一（明治四）年、幕末の進歩的な知識人であった佐野鼎《かなえ》によって創立された「共立学校」が始まり。佐野は遣米・遣欧使節に随行し、欧米の教育事情を視察した折、日本にも文明開化の担い手となる人材の育成が必要と感じて、「外国人に通用する実践的な英語教育」を目的とした学校を立ち上げた。

その六年後、東京で流行したコレラに罹患して急逝した佐野に代わり、初代校長として学園の基礎を築いたのがのちに大蔵大臣、首相を務める高橋是清であった。その頃、米国留学の経験を生かし、旧制第一高等学校の前身である東京大学予備門の教員を務めていた高橋は、実践的な英語教育を目指す共立学校の理念に共感して校長を引き受けた。

高橋の教育方針は進学のみを目指したのではなく、「学問の目的は社会の利益を興さんとするにあり」という本人の言葉が物語るように、より実践を重視した点にあった。この時期の卒業生の中には、正岡子規、秋山真之、南方熊楠をはじめ、近代日本の発展に先駆的な役割を果たした数多くの人物が輩出している。

一八九五年、それまでの校名「共立学校」を「東京開成中学校」に変えた。これは中国の古い書物『易経』にある「開物成務」に由来し、「人間性を開拓啓発し、人としての務めを成す」という意味だ。また、「ペンケン」の愛称で語られる校章は、有名な格言「ペンは剣よりも強し」を図案化したもので、「質実剛健」をモットーとする開成の校風を象徴しているといわれる。

開成でよく知られるのは、毎年恒例の「運動会」であろう。「質実剛健」の校風に加え、校章のペンと剣が象徴する「文武両道」の気風を地で行くように、運動会に懸ける意気込みは尋常ならざるものがある。

生徒がすべてをセットする運動会で、委員会を組織して半年以上かけてその日に向けた準備を進めるという。たった一日にかける執念たるや大変なもので、恐らく世界一、組織化された運動会といっても言い過ぎではないようだ。

このように開成は、基本的に規律や規範を重んじ、相互扶助の精神を尊ぶ伝統がある。

その点、やや軍隊組織を連想させる財務省の気風とは似通った面があり、「自由」を究極の身上とする灘や麻布とはここに大きな違いがある。所在地も東京・荒川区西日暮里という下町にあり、だれ言うともなく「偉大なる田舎」の声がささやかれるのも確かだ。

その偉大なる田舎は、大蔵省、財務省を通じて勢力を拡大しつつある。トータルの開成出身者は七十人を超え、内訳はOB二十人超、現役五十人超を数える。現役はますます増える傾向にあり、新たな入省者を迎えると盛大な歓迎会を開くのが例年の恒例行事になっている。

前に、事務次官への登竜門となる「官房三課長」について説明した。文書、秘書、調査企画課長の三つで、中でも文書課長か秘書課長を経験することが、次官の椅子を目指すうえで必須条件の位置づけにある。

その文書課長に二〇一八年夏の定期異動で、三代連続、麻布出身者が就任した。現在の東大教養学部に当たる旧制一高時代を除けば、二代続けて同じ高校の出身者が文書課長に就いたケースは皆無であり、まして三代連続となると空前絶後の出来事といっていい。

空前絶後の「麻布三代連続」

なぜ、麻布なのか——。一人が文書課長に就いたのなら「たまたま」で済ませられるが、三代続けての就任には何らかの変化を予感させるものがある。変わったのは麻布なのか、それとも財務省なのか、背景に潜む何かを探り当ててみたい誘惑に駆られる。

その三人とは、以下の人たちだ。

阪田渉〔'88〕
三村淳〔'89〕
江島一彦〔'90〕

秘書課長の在任期間が二〜三年なのに対し、文書課長はほぼ一年が原則なので、毎年同期から一人ずつが順調に就任している。彼らの人事を采配する時の秘書課長が、出身高校を意識したかどうかはともかく、結果として麻布三代が実現したことは紛れもない事実である。

麻布の校風の変化にメスを入れるのは筆者の手に余るが、財務省の出世コースが微妙に変化しつつあるのを指摘するのはそれほど難しいことではない。三人が歩んだ文書課長前後のポストをチェックしてみると、かつての典型的なエリートコースとは異なる道筋が見えてくるからだ。

一人目の阪田のコースは、主計局企画主計官―同総務課長―文書課長―国際局審議官―主計局次長となっている。企画主計官は予算のフレーム（枠）を統括する立場にあり、厚生労働、農林水産、公共事業など各主計官のワンランク上に位置して、主計局の中でも同期の出世頭が座るポストといえる。

ここから総務課長を経て文書課長に昇格した阪田は非の打ちどころのない出世コースを駆け上がるが、突然、国際局審議官とまるで異質の国際畑に転身する。ここを一年で通過し主計局次長として従来のエリートコースに戻るが、国際局審議官は九〇年代後半の大蔵省不祥事で高まった主計至上主義人事への批判をかわす狙いがあったのか。

次に、三人目の江島も主税局調査課長から企画主計官へ、かつての大蔵省時代には考えられないコースを辿っている。主税局調査課は諸外国の税制を調査研究する部署で、主税局の中でもアカデミックなポストであり、そこから予算編成の司令塔ともいえる企画主計官に就くのは異例中の異例だ。ただ、江島は企画主計官を三年間も務め上げており、そこから文書課長に昇格したことを考えると、税も予算もそつなくこなす実力を評価されてのことだろう。

二人目の三村を後に回したのは、彼こそ従来の人事では予想もつかないコースを辿ってきたためだ。金融庁監督局銀行第一課長―国際局開発政策課長―文書課長―副財務官というもので、金融畑から国際畑へ転じたあと、財務省の中枢ポストである文書課長を務め、再び国際畑の副財務官に就いた。省内での三村の評価は「オールラウンドプレーヤー」で一致するが、ここでも主計局を素通りした人物に文書課長の白羽の矢が立ったのは、財務省が変わろうとする意思の表われと思えないこともない。

極めて希有なケースなので「麻布三代」をことさら強調したが、麻布出身者が文書課長に就いたのは過去にも例があった。**石坂匡身**元環境庁事務次官〈'63〉と**川北力**元国税庁長官〈'77〉の二人で、このポストを射止めた以上、当然、省内では「次官有力」の噂が流された時期があった。

だが、石坂はその後、理財局長は務めたものの環境庁に出向し、そこで次官になった。川北も官房総括審議官などを経て理財局長に昇格したが、次官へは一歩及ばず、国税庁長官で退官している。

今でも省内に語り継がれる話だが、「麻布出身で次官に最も近かったのは川北さん」とする見方が根強くある。その証しというのも変だが、33頁の表からも明らかなように、七七年組からは次官が出ておらず、国税庁長官になった川北が同期の出世頭だったのは間違いない。

なぜ、二人が本省の次官の椅子に座れなかったのか？「自由闊達・自主自立」の校風が〝都会派ニヒル〟の人格形成を促し、それが国士型官僚の巣窟といわれ続けてきた大蔵・財務省の精神風土に合わなかったのか。当時の人事権者の腹の内にしか答えはないが、筆者が麻布出身者たちに接した感想で言わせてもらえば、まるで的外れの見方ではないような気もする。

そして、麻布三代の文書課長が今後どのような出世の階段を昇っていくのか。現次官の太田充が八三年入省なので、早ければ四、五年後から順次結果が表われてくる。それは同時に、財務省の変革を映し出すリトマス試験紙の役割を果たすかもしれない。

第5章　コロナ禍で本質を問われる財政再建論

「要求を断ってくるのが我々の仕事」

「アリの一穴」という言葉がある。ほんのちょっとした油断や手抜かりから、取り返しのつかない大事を引き起こす様を指す。「千丈の堤もアリの穴から」という諺もあるように、堅固な堤防でさえアリの開けた小さな穴がもとで崩れてしまう危険性を秘めている。官庁の中の官庁として〝守りの姿勢〟を身上とする財務省にとり、この言葉は千金の重みを持つ。例えば、予算編成で新規の案件をゼロ査定にする際、要求側の政治家や他省庁に向かって「これを認めると、アリの一穴になる恐れがある」と拒否の理由を説明したりする。

　予算を編成する主計局には、伝統的に「要求を断ってくるのが我々の仕事」という固定観念があり、とりわけ政治との折衝で予算の計上を回避すると、「よくやった」と局内での評価が高まり、先々の出世に結びつく傾向が強かった。折衝のハナから「無理です」「駄目です」と頑なな姿勢で臨み、それを最後まで貫けるかどうかが財務官僚の財務官僚たる真骨頂でもあるのだ。

そんな彼らにとって悔やんでも悔やみ切れないアリの一穴が、今や千二百兆円を超える借金の山にあるのは論を俟たない。五十六年前に開けた小さな穴が、結果として日本を世界一の借金大国に押し上げてしまったのだから……。

日本が抱える借金を表す数字として「千二百兆円」がよく使われる。これは、国と地方を合わせた長期債務残高（二〇二〇年度末）を意味し、日本が一年間に生み出す付加価値の総和である国内総生産（GDP）の約二倍の水準にある。

長期債務は、建設国債と赤字国債（正式には特例公債）から成る普通国債のほか、国際機関への拠出国債、特別会計の借入金、地方公共団体が発行する地方債などを合計したものだ。このうち、国の借金に当る普通国債の発行残高は九百六兆円にのぼり、長期債務全体の七六％を占める。

ここでは、日本の借金の大半を占める普通国債に絞って話を進めるが、初めに二種類の国債の中身から説明する。建設国債は主として公共投資の財源として発行され、橋や道路といった後の世代に残るものを対象とする。これに対し、赤字国債は経常経費の歳入不足を補塡するために発行され、財政法上は特別措置の扱いを受けているので特例公債と呼ばれる。

「君子豹変」のキッカケとは？

戦後の日本の財政政策は、日本銀行直接引き受けによる大量の国債発行の結果、猛烈なインフレを招いた戦時経済下の悪しき教訓から基本的に国債発行せずを原則にしてきた。ところが、前回の東京五輪が開催された一九六四（昭和三十九）年秋以降、オリンピック景気の反動もあって経済活動が大きく減速し、いわゆる「（昭和）四十年不況」に見舞われた。経営危機に陥った山一證券に対して、日銀が特別融資を発動する事態にまで発展、それまでの高度経済成長から一転して景気は悪化の一途を辿った。

不況を映して税収は当初の見積もりを大幅に下回る状況が続き、ついに国債発行を解禁する準備が進められた。そして六五年十月、福田赳夫蔵相〔29〕は財政による景気の下支えを目的に、二千五百九十億円にのぼる歳入補塡のための国債発行を盛り込んだ補正予算の編成を決断した。戦後初めて、禁じ手とされた赤字国債に手を染めた瞬間であった。

その時、政府部内で演じられたやり取りの一端を、経済白書を執筆するなど官庁エコノミストとして高名だった金森久雄元日本経済研究センター理事長に聞いたことがある。経済企画庁の記者クラブを担当していた九〇年頃、過去の経済白書の執筆責任者全員（ただし、「もはや戦後ではない」のキャッチフレーズで一世を風靡した後藤誉之助はすでに故人であった）にインタビューすることを思い立ち、その一人に六五年度の白書をまとめた金森がいた。

英オックスフォード大学に留学してケインズ経済学を学び、「不況の本質は需要不足にあり、景気対策には需要を喚起する公共投資が不可欠」を信奉していた金森にとって、大蔵省が最大の難関として立ちはだかった。

「当時の経済界は、投資の行き過ぎに対する調整を主張して、私と完全に意見が対立した。それ以上に、均衡財政主義を高く掲げる大蔵省も経費の一割留保を各省庁に指示し、まったく逆の政策を打ち出していた。政府部内の調整が難航し、例年通り白書が出せるかどうかさえ危うい状況で、日々心理的な圧迫を感じる執筆の毎日でした」

ところが、蔵相が田中角栄から福田に替わるや、大蔵省は一気に赤字国債発行へと傾斜していく。白書の発表時期は夏休みの八月にずれ込んだものの、かろうじて執筆責任者の使命は果たすことができたが、金森には最後まで消えない疑問が残った。

「それにしても、大蔵省の変わり身は早かった。君子は豹変するのか。福田さん自身、均衡財政派の高橋是清（元蔵相）に傾斜していてケインジアンではなかったはず。それなのに福田蔵相の登場で、大蔵省の方針が百八十度変わったのは本当に不思議でした」

まさに、これがアリの一穴となり、日本は国債頼りの財政運営が常態化していく。翌六六年度は当初予算から建設国債を発行して、積極的に有効需要の創出を目指すことになるが、ここに日本の財政はそれまでの均衡財政主義を捨て去り、大きな転換点を迎えたのである。

ただし、この時点では国債の発行は市中消化の原則を堅持するとともに、公共投資のための建設国債に限定することにより、発行自体に歯止めを設ける方針を鮮明にしていた。とくに市中消化の原則をめぐっては、日銀引き受けか、市中公募とするか、大蔵省と日銀の間で激しい論争が起こり、最終的に戦前の悪夢を二度と繰り返さないため、市中で消化する方針が最終決定した経緯がある。

その後、「いざなぎ景気」と呼ばれる好況が続いた結果、建設国債の発行のみでしのぐことができたが、世界を揺るがす大事件を契機にその方針は根底から覆される。七三年十月に勃発した第一次石油危機であり、短期間に三倍以上に跳ね上がった原油価格は、深刻な不況とインフレをもたらした。この年の年末から景気は急激な下降を余儀なくされ、翌七四年の日本経済は戦後初のマイナス成長に陥った。

竹下が語った大平の背負った十字架

成長率の鈍化とともに税収が劇的に落ち込み、歳入欠陥を埋め合わせるために時の**大平正芳蔵相**〔'36〕は七五年度補正予算で赤字国債の発行に追い込まれる。四十年不況で福田赳夫が禁を破って以来十年ぶりの特例公債の発行であり、この時の発行額は二兆二千九百億円と十倍近くにのぼった。追加で発行された建設国債を合わせると合計五兆四千八百億円に達し、国債依存率は二六・三%と四分の一を超えた。

アリの一穴はのちに政策のよろしきを得れば大事に至ることはないが、明らかに大平の決断はアリの一穴がやがてアリ地獄へとつながる引き金を引く結果になった。このことに生涯自責の念を抱き続けた大平だが、それを物語るいくつかのエピソードが残されている。ひとつは、第1章に登場し、大蔵省の後輩で事務次官を経験した長岡實元東京証券取引所理事長〔'47後期〕が、日本経済新聞に連載した「私の履歴書」に綴ったもので、大平を官房長として支えた長岡の述懐である。

「赤字国債を発行せざるを得ない立場に置かれた大平蔵相は、とても沈痛な面持ちだった。大蔵省内にも重苦しい空気が漂っていた。『発行済みの赤字国債を早く返済したい。赤字国債を財源としない財政体質を一年でも早く取り戻したい』。その後首相になられ、五十五年六月に亡くなられるまで、大平さんはこのことに頭を痛めていた」

大蔵省出身の大臣がタブーとされてきた赤字国債に手をつける——、一生消えない原罪を背負ったと大平は受け止めたのだろう。その罪の意識を少しでも軽くしたいと打ち出したのが一般消費税だったが、準備不足もあって国民の大批判を浴びて選挙期間中に心筋梗塞で病死した。

大平の切なる願いを受け止め、のちに消費税の導入に道を開いたのが竹下登元首相であり、筆者のインタビューにこんな思い出を語ったことがある。

「大平さんはアー、ウーと言いながらも、『財政家として自分は取り返しのつかんことをしてしまった』と口癖のように話していた。それは、カソリック信者みたいな、なんか罪滅ぼしみたいに心底思っておられたようだ。だから均衡財政のところから再出発すべきであり、何としても新税の導入をやるという固い決意を抱いていたわけです」

「言語明瞭、意味不明瞭」と揶揄された竹下の発言にしては、元大蔵官僚・大平の心情を的確に表現していると感じた。前にアリの一穴がアリ地獄につながると書いたが、この時から建設国債に加えて赤字国債が恒常的に発行されるようになり、国債の本格的な償還も始まる中で借金は雪だるま式に膨らんでいった。

それにしても福田といい、大平といい、大蔵省出身の大臣が禁じ手にゴーサインを出さざるを得なかったのはなぜなのだろう。たまたま、経済の激動期に蔵相になったということなのか。大蔵省出身者が蔵相になる確率が高い現実もあるが、二人の後も宮澤喜一（'42）をはじめ、大蔵OBの時に国債増発に踏み切る事例が目立つのは確かである。戦後、赤字国債が発行されて五十六年、今日につながる大量発行が始まって四十六年、旧大蔵省から現財務省まで国債発行額をいかに減らすか、重圧との闘いであったといっても過言ではない。その先駆けとなったのが第二次石油危機後、数次にわたる不況対策で予算規模が拡大して国債依存度が強まる中、八〇年を「財政再建元年」とする緊縮財政への取り組みであった。

具体的には、八一年度予算で約二兆円の国債発行の減額（当初予算ベース）が行われ、翌八二年度予算では概算要求の段階で一律にゼロ・シーリングの網が被せられた。さらに次の年の八三年度予算以降、ゼロにとどまらないマイナス・シーリングの制約が課されたが、赤字国債からの脱却は実現しないまま、自転車操業に似た財政運営の深みに嵌まり込んでいく。

達成されていた「赤字国債ゼロ」

四十六年間の大量発行を詳述するほど紙福に余裕はないが、一度だけ、大蔵官僚に一種の高揚感を抱かせる出来事があったことに触れておきたい。赤字国債脱却が主計局幹部の究極の到達目標になり、その道筋をつけられるかどうかが出世を左右するバロメーターにもなっていたこの頃、九〇年度の予算編成でそれまで十五年間続いた赤字国債発行をゼロにする目標が達成されたのだ。

九〇年度予算を編成した八九年は四月に消費税が導入されたが、世の中は反対運動が盛り上がって廃止論さえ現実味を帯びていた。そんな最中の予算編成だっただけに、主計局から「やった、やった」の雄叫びこそ上らなかったものの、ある幹部が「我々主計局の使命は果たした。あとは主税局に頑張ってもらうだけ」と、内面の喜びを押し殺しながら語る姿が印象に残っている。

今でも九〇年度脱却が話題になることはあるが、それは遠い日の懐かしいひとコマを振り返る感傷以外の何ものでもない。なぜなら、八九年末に日経平均株価が三万八千円台のピークをつけたあと、奈落の底に突き落とされるような暴落相場を繰り返し、まさにバブルが弾けてその後三十年近くに及ぶデフレ不況の海に深く沈むことになったからだ。一時的な脱却は、バブルがもたらしたある種の幻影にすぎなかった。

そうして積もりに積もった国と地方の借金の合計が千二百兆円に膨れ上がり、GDPの約二倍の水準にあるのが現在だ。財務省はこのGDP比率を安定的に引き下げることを目指し、社会保障などの政策経費を新たな借金に頼らずに賄えるプライマリーバランス（基礎的財政収支）を黒字化する目標を掲げているが、その年度目標は何度も先延ばしされているのが実情である。

千二百兆円と言ってもピンとこない向きに、わかりやすい数字を挙げて説明しよう。先述した大平蔵相の決死の思いが込められた新税、のちの消費税は彼の死から九年後に竹下首相の下で導入されたが、この三十年間にどのくらいの税収が生まれたのだろうか。あくまで概算でざっと三百兆円にのぼるが、借金の返済には程遠い数字だった。

借金は四十六年間、消費税は三十年間と期間に差があるので単純な比較は難しいが、敢えて言えば、消費税といえども借金の四分の一程度しか埋め合わせできなかった計算になる。それを、多いと見るか少ないと見るか、人によって受け止め方はさまざまだろうが、現役世代が孫子の代に向けて膨大な借金をつくり、しかも、年々その額が右肩上がりで増えているのは偽らざる現実なのだ。

積もりに積もった借金財政について、事務次官経験者である有力OBの一人は、「福田さんといい、大平さんといい、大蔵省出身の大臣の時に赤字国債に手を染めたのは皮肉としか言いようがない」と前置きしながら、官僚よりも政治に根本原因があるという、長年にわたり胸にわだかまる心情を吐露した。

「それは日本の不幸といっていいが、政治家は与党も野党も予算編成になると、ひたすら『もっとカネをつけろ』と財政拡大を声高に叫ぶのが常だった。そんな声に最後まで抵抗できず、政治家に花を持たせながら折り合いをつけてきたのが、予算編成という儀式だったと言っても過言ではありません」

有力OBの中でも、現在の財務省のドンといっていい武藤敏郎東京五輪・パラリンピック大会組織委員会事務総長〔'66〕は、そうした見方からさらに踏み込んでこんなホンネを漏らした。

「政と官の関係を振り返ると、政治の側が財務省を亡霊のように恐れおののいていたところもあったし、いまだに力があると思い込んでいるところもある。でも、我々も時代とともに随分変わってきた面があり、かつての力が衰えて変わらざるを得なくなった面もある。そうした中での財政をめぐる政治との闘いは、僕に言わせれば、敗戦、敗北の歴史だったといってもいいんじゃないか。もっと言うなら、政治と闘って勝ったためしなんてなかったような気がする。我々が本当に勝っていたら、財政がこんなふうになっていることなどあり得ませんよ」

日本国に憲法があるように、財務省にも崇高な〝憲法〟がある。それが何かといえば、まさしく財政法であるといっていい。同省の論理体系の最上位に財政法があり、その至上命令こそが、特例公債を発行しないことなのだ。

その点を見誤ると、この役所の本質は見えてこないし、赤字国債からの脱却に全身全霊を傾ける財政再建路線も見えてこない。さらに言うなら、主計局にきら星の如く優秀な人材を集める主計至上主義の人事もまた見えてこない。

「現代貨幣理論」による激しい揺さぶり

そんな財務省の苦闘の歴史をあざ笑うかのように、欧米発で急速に台頭してきたのが、「現代貨幣理論（Modern Monetary Theory＝ＭＭＴ）」と呼ばれる経済学の常識を覆す新しい理論である。この理論をひと言で表現すれば、「自国通貨建てで国債を発行する限り、財政破綻は起こらない」というもので、財政再建を金科玉条に掲げる財務省の方針と真っ向から対立する考え方だ。

日本におけるＭＭＴの主唱者である藤井聡京都大学大学院教授によると、これは「有効需要創出を柱にしたケインズ経済学を進化、発展させた」理論であり、「ポスト・ケインジアン」と呼ぶことができる。ケインズ経済学は必ずしも貨幣論が明確ではなかったが、この分野の中でも「中央銀行→民間金融機関→家計」とつながるカネの流れを論じている点に特徴がある。

経済学では「政府の赤字は、民間の黒字」とされるが、それは「政府の赤字は、民間への資金供給そのもの」と言い換えることもできる。そこから一歩進んで、資金の供給者が政府である以上、その政府に財政規律を求める必要はなく、経済活性化のために貨幣発行を原資にした政府による積極的な資金供給＝財政拡大が行われて当然、という結論に行き着く。

とはいえ、「財政規律は必要ない」と言いながらも、ある一点だけ歯止めをかけている。その対象となるのが「インフレ率」であり、「政府の赤字が拡大し続ければ、過剰なインフレになる恐れがないとはいえない。従って、インフレ率が二〜四％程度の範囲に収まるよう財政収支を調整すべきだ」を基本原則に掲げる。

一九九〇年代初頭のバブル経済崩壊後、日本は三十年近くにわたってデフレ不況の呪縛から抜け出せないまま今日まできた。欧米諸国からはこの特異な現象を「日本化」と揶揄する声も聞かれ、かつて「ジャパン・アズ・ナンバーワン」とまで持てはやされた日本が、一転して不況の海に沈む姿が世界経済七不思議のように語られてきたのも事実であった。

そうした出口の見えない経済・財政政策が繰り返される中で、あたかも経済学の異端児の如く急浮上してきたＭＭＴだけに、いまだ評価が定まらない状況にある。その一方で、インフレ率で歯止めをかける限り、無尽蔵に貨幣を発行して資金供給を続けるべきであるという大胆な主張は、デフレ脱却がままならない現状にあって、ある種魅力的な政策提言と映るのも否定できない。

現に、コロナ禍が日本経済に深刻な影響を及ぼすのを回避するため、政府は第一次、第二次の補正予算を合わせ、五十七・六兆円の国債増発に踏み切らざるを得なくなった。二〇二〇年度当初予算の国債発行額三十二・六兆円を加えると総額九十・二兆円にのぼり、国債金利への波及が懸念されたが、今のところ〇％近辺で推移して大きな変化は起きていない。そんな現実の市場動向を横目に、藤井は自らが信奉する学説の正当性について声を大に話した。

「財務省の人たちのレゾン・デートル（存在理由）である財政規律なるものが、まったく不要であることがコロナ禍だからこそ明らかになっています。財政規律を杓子定規のように唱えるよりも、国を滅ぼさないことがすべてに優先されるのであり、コロナ禍ゆえにＭＭＴの有効性が実感を伴って理解されると思いますね」

あえて言えば、コロナ禍は「有事」と捉えることができる。日本の有事にあって、財政出動のあり方を経済理論で評価するのは難しいが、結果として政府が過去最高額に達する国債の追加発行を極めて短期間に決定したのは紛れもない事実ではある。

ここまでが藤井の語るＭＭＴの概要だが、恐らく読者の心に一様に思い浮かぶのは、「無尽蔵に国債を発行し続けて、本当にインフレ率の歯止めだけで問題は起こらないのだろうか」という素朴な疑問であろう。いったんインフレに火がつくと、とどまるところを知らないハイパーインフレが加速する傾向が強く、その点がＭＭＴのアキレス腱にならないかという不安心理だ。

国債の発行計画と流通市場を所管する理財局の幹部は、マーケットを相手にする立場からこんな危惧を表明した。

「金融機関が何らかの理由で資金繰りが苦しくなり、保有している国債を市場で売りに出したとする。その時に買い手がつけば問題ないが、それが現れないケースでは、すわ一大事とばかり売りに走る投資家が出てこないとも限らない。最近は、海外投資家の保有比率が高まっているため、彼らが一斉に売り抜けようとすると、いわゆるダウンサイド（下振れ）リスクで市場崩壊が始まる恐れがあります」

国債発行残高のうち九割近くは国内の金融機関などが保有しているものの、海外投資家の保有割合は近年上昇傾向にあり、一九年三月末で一二・七％にのぼる。これはストックベースでの話だが、市場におけるフローベースの売買シェアは現物で約三九％、先物で約六五％と高い水準になっていて、市場に及ぼす海外勢の影響力は格段に高まっている。そこでこの幹部は、

「日本人が国債を買っているから財政破綻はしないと思いがちだが、現実の市場は海外

勢の動きに左右される傾向が強まり、いつ、何が起こるとも限らないリスクがあることを忘れてはならない」と、畳み掛けるように話した。

ただ、こうした財務省の〝警告〟には、素直に頷けない面もある。年々、右肩上がりで積み上ってきた国債残高を念頭に置けば、バブル経済の崩壊がそうだったように、ある日を境に相場が崩れて一気に急落へと向かう可能性はゼロではない。国債市場で言えば、価格が暴落して金利が急騰するリスクである。

大平蔵相が赤字国債の発行に手を染めて四十六年、その間に一度だけ市場を揺るがす出来事が起きた。第二次石油危機後の金融引き締めの影響で、八〇年に入ると指標銘柄だったロクイチ国債（期間十年、額面百円、表面利率六・一％）が急速に価格を下げて、店頭市場で七十二円まで暴落し、一時売買停止に陥ったことがある。新たに発行する国債が低利率では市場で消化できないため、当時の大蔵省は表面利率を八％に引き上げて事態の収拾を図ったが、国にとって償還のための費用増大に見舞われたのは言うまでもない。

いつか、何かが起きると警告のシグナルが発せられながら、国債価格が暴落したのは後にも先にもこれ一回きりであった。四十六年間でたった一度――そうした厳然たる事実を引き合いに出し、MMTを掲げる藤井は「この事実を見よ」とばかり、自説をさらに強調して語った。

「ロクイチ国債の大暴落は、インフレで金利が高かった時代の話で、今とはまるで経済の土台が違いますよ。現状のようなデフレ経済の下で、どうやったら金利が高騰するというのですか？　仮に国債が暴落するような兆しが見えてきたとして、そうなれば日銀が買いオペに踏み切るだろうし、日銀がひと言『買います』と宣言すれば誰も売ろうとはしなくなる。国債の暴落はためにする議論で、デフレという鬱状態の病気を放置するほうがよほど害が大きいと思う」

「破綻はない」と財務省は認めていた

そこまで財務省の方針を批判する藤井は、日本円による借金で財政が破綻することはない、と財務省自身が認めた文書を公表している事実を俎上に載せた。それは〇二年、外国の格付け会社が「日本の国債にはデフォルト（債務不履行）のリスクがある」と指摘したのに対し、反論の意見書を提出したもので、要旨は以下の通り。

日本は、世界最大の貯蓄超過国であるばかりでなく、経常黒字国、債権国であり、外貨準備高も世界最高水準にある。その結果、「国債はほとんど国内で極めて低金利で安定的に消化されている」として、次の結論を導き出した。

「日本、米国など先進国の自国通貨建て国債のデフォルトは考えられない。デフォルトとして如何なる事態を想定しているのか」

行間に怒りの感情さえ滲ませた財務省の公式文書であり、国債の暴落を引き金にした財政破綻を明確に否定している。折に触れてマスコミなどへの説明に、「歯止めのない国債発行はいつの日か財政破綻を招きかねない」と決まり文句のようにしてきた財務省だが、海外向けについつい本音を漏らしてしまった図である。

何のことはない、財務省自らが財政破綻のリスクを否定してしまった以上、国債の大量発行、ひいては彼らの永遠なるスローガンである「財政再建」も色褪せて見えてきてしまう。そんな胸にわだかまる疑問を、理財局で国債を担当したことがあり、現在は予算を編成する主計局に籍を置く現役幹部にぶつけてみると、「国債の暴落をブラフに使うのは、確かにオオカミ少年になる危険がある」と素直に認めて、長い目で見たわが国財政の将来図をこう語った。

「国債はあくまで将来に向けた借金であり、どこかで返さなければならないタガがはめられている。これから先、人口が増え、経済の成長が見込める潜在力のある国であれば、国債で借金してパイを増やすのはいいが、日本の現状を考えればそれは夢物語に等しい。成長が期待できない状況の中で国債による借入れをひたすら増やそうとするのは、将来世代にツケを回すだけの話で、国の財政が本当に維持できるのかどうか非常に危険な賭けになると思います」

ＭＭＴはその主張がわかりやすいだけに、財務官僚にとっても反論しにくい難しさがある。ましてデフォルトを否定した反論書を公表した事実がある以上、単に赤字国債からの脱却を軸にした「財政再建」の四文字を声高に叫ぶだけでは、不可避的に積み上がる借金の山を前に手をこまぬいて見ているとしか思えない。やはり借金も一千二百兆円を超えて別次元に差し掛かった今、少子高齢化対策、経済成長戦略など新たな青写真を掲げる中で、財政を立て直すしか残された道はないだろう。

冒頭、財務官僚の常套句ともいえる「アリの一穴」を紹介したが、もう一つ、彼らがよく口にする台詞に「背に腹は代えられない」がある。無理です、駄目ですと政治に抵抗を続けながらも、最後に折れざるを得なくなって借金を膨らませる時、君子は豹変すを地で行くようにこの言葉が口を突いて出たものだ。二つの常套句がともに手垢に塗れてしまった現状で、財政再建の本質を問い直すことから話を始めなければ展望は開けまい。

第6章　「黒田バズーカ」の光と影

局長時代の〝日銀批判〟

黒田バズーカが発射されてはや八年、最大の標的、デフレ脱却を撃ち抜くまでには至っていない。物価上昇率二％を二年程度で実現する目標を掲げながら、いまだに公約が果たされていない現状をどう受け止めるべきか。安倍前政権以来の経済政策、アベノミクスの今後を占ううえで、大きな岐路に差し掛かっているのは明らかだ。

いきなり「黒田バズーカ」とマスコミの流行言葉から書き始めたので戸惑う向きもあると思うが、財務省出身の黒田東彦〈'67〉が日本銀行総裁の座に就いた二〇一三年三月に時計の針を戻して話を進めることとしたい。晴れの総裁就任の記者会見で、黒田は以下のような基本方針を力強く語った。

まず、二％の物価上昇目標の達成に向けて、「量的、質的の両面から大胆な金融緩和を進めることで、達成できると確信している」と明言。達成時期については「二年程度で物価安定目標が達成できれば好ましい」と述べ、「二年程度」を目途として示した。そのうえで、「デフレから脱却し、（物価上昇）目標を早期に実現することが日銀として果たすべき使命だ」と決意を語り、デフレ脱却に懸ける揺るがぬ信念を表明した。

バブル崩壊をきっかけに、日本経済は長くデフレ状態が続いてきた。物価が持続的に下落する悪しき循環を克服しなければ、企業の景況感が回復しないばかりか経済成長も望めないため、とにかく「デフレからの脱却」を金融政策の最優先に掲げようというのが黒田の持論であった。

そのためには物価上昇目標を設定し、それに向けて金融緩和を大胆に推進するリフレーション（通貨再膨張）政策が必要不可欠になる。こうした考えを主張する人たちを「リフレ派」と呼んだり、物価上昇目標を設定するところから「インフレターゲット論者」と呼んだりした。

実は、黒田が日銀総裁候補に浮上する過程で、それまで彼が折に触れて主張してきた〝日銀批判〟にマスコミのスポットが当たった。大蔵省の国際金融局長（現国際局長）に就任した九〇年代末から、「インフレターゲットを導入して金融緩和を推し進め、デフレからの脱却を目指すべきだ」と、アンチ日銀の急先鋒としての立場を鮮明にしていたからだ。さらに総裁就任が確実視される中で、「十五年近くデフレに苦しみ、企業収益や賃金が圧縮されてきたのは、日銀が大胆な金融緩和に踏み込まなかったからだ」と一段とトーンを上げて批判の声を強めた。

国会で総裁人事の同意を得るために開かれた衆議院議院運営委員会の所信表明でも、黒田の口から次のような見解が語られた瞬間があった。

「デフレ脱却に向けて、やれることは何でもやる姿勢を打ち出す」

財務官僚や日銀マンといえば、言質を取られない会話を身上にするが、財務省国際派のトップまで務めた人物が、「ここまで言うのか」と驚きをもって受け止めたことを覚えている。金融市場へのアナウンスメント効果を狙ったものとはいえ、中央銀行総裁が確実視される人物が吐く言葉にしては、高揚感に似た率直な感情が表に出過ぎていないかと感じたものだ。

現に、黒田総裁就任の前日、退任会見を開いた日銀プロパーの白川方明前総裁は、リフレ派の金融政策に対して「物価上昇二%、賃金上昇二%で生活は向上しない」と厳しく牽制する一方、円安・株高への期待感が高まる市場についても、「期待に働きかけるという言葉が、中央銀行が市場を思い通りに動かすという意見なら、私は危うさを感じる」と述べ、前のめりな言葉で期待を煽る市場操作にクギを刺したのが印象的だった。

ともかく、ここに黒田バズーカは正式に打ち上げられた。当初、円安・株高の方向に市場を転換することで、企業収益の増加や有効求人倍率の上昇などをもたらしたが、二年を過ぎても二％の目標は実現せず、さらに六年の歳月が過ぎて今日に至る。ちなみに、二〇年の消費者物価指数はコロナ禍による需要の低迷で前年比〇・二％下落し、エコノミストの間でも二％実現はほぼ不可能との見方が一般的だ。

「黒田さんを守ろうという人はいない」

通称黒田バズーカと呼ばれる異次元の金融緩和は、長期国債の大量買い入れをはじめ、短期政策金利をマイナス〇・一％、長期金利を〇％程度に誘導する長短金利操作や上場投資信託（ＥＴＦ）の購入などを柱に進められてきた。例えば、長期国債の買い入れ額は、スタート時点で「年間八十兆円」を目途としていた。

この八年間で緩和策の中身は見直しを加えられてきたものの、日銀が一貫して大規模な金融緩和を続けていることに変わりはない。一九年の金融政策決定会合でも、「二％の物価安定の目標に向けたモメンタム（勢い）が損なわれる恐れが高まった場合には、躊躇なく追加緩和を実施する」と声明文に書き込むように、上昇率二％の達成目標にはいささかのブレも生じていない。

だが、黒田バズーカを日本の金融政策における壮大な実験と見立てれば、公約を実現するまでに至っていないのは誰の目にも明らかであろう。むしろ、大規模な金融緩和がここまで継続されてきたことで、金融機関の収益悪化や運用難など経営に副作用が出始めたことを懸念する声が高まっている。

そうした指摘は金融機関にとどまらず、もともと大規模緩和に消極的だった日銀や、黒田の古巣である財務省からも聞こえてくるようになった。八年間という歳月はそれだけの重みがあり、大実験に結果が出ない以上、現状のままの金融政策を続けていっていいのかという疑問の声が出るのも当然だ。

黒田を総裁に担ぐ現役の日銀マンは、表立って異議を唱えるのは難しい。自らのレゾン・デートルを否定することにつながるからだが、一線を退いたＯＢからは現役への同情も込めて、厳しい声が間欠泉のように噴き上がる。

退任会見の際に、「中央銀行が市場を思い通りに動かすという意見なら、私は危うさを感じる」と黒田バズーカを批判した前総裁の白川は、退任後に上梓した大部の書『中央銀行』の中で、縦横無尽に思いの丈を綴っている。大規模緩和がデフレ脱却への唯一無二の政策であると考えるリフレ派に対しては、こんな見方を明確にする。

「二%を絶対視すると、かえって経済の持続的成長を損なう危険がある。それに何よりも、物価上昇率が二%に未達であることが日本経済の低成長の原因ではない。それにもかかわらず、日本銀行が二%を目標としていないことが日本経済のさまざまな問題の根本原因であるかのような議論が世の中には溢れており、書店に行くと、入口近くにリフレ派の論者による日本銀行批判の書籍が堆《うずたか》く積まれていた」

自らリフレ派の意見には与しない姿勢を強調したうえで、「物価の安定を図ることを通じて国民経済の健全な発展に資することをもって、その理念とする」（第二条）と規定した現行日銀法を根拠に、「上昇率二%を二年程度で実現する」としたリフレ派の公約を頭から否定する。

「持続的な経済の発展を脅かす不均衡がすべて物価上昇率に集約的に反映されるのであれば、ひたすら物価上昇率を見ながら金融政策を運営することで構わないが、そうではない事態を日本はバブルとバブルの崩壊、金融危機というかたちで経験したばかりである。そうした教訓を忘れて、機械的に二%の追求を最優先することは金融政策の枠組みとして適当でないと私は考えていた」

「機械的に」という言葉に白川の痛烈な批判が凝縮されており、日銀プロパーの彼からすれば総裁の座を黒田に譲った時点で、「日銀の独立性は失われた」と考えたのではないか。

日銀で役員まで務めたOBの一人も、現在進行形の金融政策を厳しく批判した。

「目標の変更は一言も言っていないが、さすがに最近は、躊躇なく（追加緩和する）という言葉も空元気にしか聞こえなくなった。目標を変えたいと思っても、アベノミクスは失敗したという烙印を押されるから、それも言い出せない。いわば自縄自縛の状態で、大規模金融緩和も惰性でやっているにすぎず、ほとんど効果が上がっていない。日銀の重要な使命である市場との対話路線から、およそかけ離れているように見えますね」

このOBは日銀法に明記された「役員の身分保障」（第二十五条）により、総裁などがその意に反して解任されることはないことを承知のうえで、「人が代わらないと、現状から抜け出すのは極めて難しい」と独り言のように呟いた。

一方、財務省はどう見ているのだろう。かつてはしばしば「大蔵一家」と呼ばれ、鉄の団結を誇ったエリート集団だけに黒田擁護論一色かというと、どうも様子が違う。そこには、「情」と「理」の二つの側面から、黒田バズーカを素直に受け入れられない何かを感じているようだ。

初めに情の部分から有力OBの声を拾うと、本流の主計局から事務次官に上り詰めた人たちを象徴のように仰ぐ、この組織が伝統的に守り抜いてきた掟のようなものが顔を覗かせる。つまり、財務省から日銀総裁に就任する人物は、予算を編成する主計局育ちの次官経験者でなければならないとする、微塵も揺らぐことのない固定観念である。

黒田は国際担当の財務官から総裁になったが、彼の就任以前、一年先輩の武藤敏郎東京五輪・パラリンピック大会組織委員会事務総長〔'66〕が、副総裁から総裁への昇格を国会で拒否された人事は覚えている人も多いと思う。その武藤は主計畑出身の大物次官経験者であり、総裁を蹴られた彼への同情論はあるにせよ、あるOBは、黒田と武藤の経歴を比較しながらこんな見方を吐露した。

「うちの役所で、黒田さんを守ろうという人はいないんじゃないですか。武藤さんなら組織を挙げても守らないといけないと思いますが、黒田さんはそこがちょっと違う。だって役所の論理からすると、財務官上がりの黒田さんが、次官経験者の武藤さんに弓を引く形で総裁になったわけだから……」

これは、あくまで情の世界の話として聞き流すにしても、財政再建を至上命題とする財務省の理の部分で、現役幹部から「国債の大量買い入れはやりすぎではないか」という反発の声が上がる。財務官を経験した黒田が国際人脈豊かな通貨マフィアであることを認めながらも、決して〝金利マフィア〟にはなり切れないことを厳しく指摘する。

「黒田さんの通貨マフィアとしての知名度は抜群で、総裁就任直後から為替市場にサプライズを投げかけ、円高局面を円安に誘導した手腕は見事だったと思う。でも、基本的にあの方は為替の人であって金利の人ではなく、為替市場と同じ発想で国債市場を動かそうとしている点に問題がある。要するに、国債の市場金利は中長期的にサプライズで動くことはなく、そこを見誤ってきたことが、物価目標が未達成につながっている原因ではないですか」

「赤紙みたいなもの」

145頁の表にあるように、戦後、十四人の日銀総裁が誕生しているが、三菱銀行出身の宇佐美洵を除くと、すべて日銀か、大蔵省（現財務省）の出身である。そして、日銀と大蔵省から交互に総裁を出すたすき掛け人事は、日銀プロパーの佐々木直から大蔵出身の森永貞一郎（'32）に引き継いだ時が起点になった。

系譜を辿ると、佐々木（日銀）―森永（大蔵）―前川春雄（日銀）―澄田智（大蔵＝'40）―三重野康（日銀）―松下康雄（大蔵＝'50）と、六代、二十八年余にわたってたすき掛けが続いた。日銀や大蔵省の記者クラブを担当していた時、折に触れて「なぜ、たすき掛けが繰り返されるのか？」と素朴な疑問を幹部にぶつけたことがある。それにはほぼ判で押したように、「たまたまそうなった」とか、「あくまで結果論」とか、答えにならない答えが返ってくるのが常であった。

		出身	就任年月
第17代	新木栄吉	日銀	1945年10月
第18代	一萬田尚登	日銀	46年6月
第19代	新木栄吉	日銀	54年12月
第20代	山際正道	大蔵省	56年11月
第21代	宇佐美 洵	三菱銀行	64年12月
第22代	佐々木 直	日銀	69年12月
第23代	森永貞一郎	大蔵省	74年12月
第24代	前川春雄	日銀	79年12月
第25代	澄田 智	大蔵省	84年12月
第26代	三重野 康	日銀	89年12月
第27代	松下康雄	大蔵省	94年12月
第28代	速水 優	日銀	98年3月
第29代	福井俊彦	日銀	2003年3月
第30代	白川方明	日銀	08年4月
第31代	黒田東彦	財務省	13年3月

日銀と大蔵が五年ごとに交互に総裁を出す仕組みを、いつ、誰が考え出したかを詮索するのは今となっては難しい。総裁経験者の多くが故人となった現在では、取材しようにも術がないが、一つだけ、その萌芽といっていい人事があったことは確認できる。

それは、佐々木が日銀総裁に就任した際、

副総裁に大蔵出身の**河野通一**〔'32〕が就いた人事だ。河野は銀行局長を経て理財局長で退官し、国民金融公庫総裁から日銀副総裁に転じている。

この人事をきっかけに、総裁と副総裁を日銀と大蔵が分け合い、その時の副総裁が次期総裁になる暗黙の了解が生まれたようだ。ただ、河野の場合は副総裁のまま退任し、総裁は大蔵省で同期の森永に譲る恰好となった。ここからは筆者の推測にすぎないが、日銀、大蔵のどちらからともなく、「大蔵出身の日銀総裁は事務次官経験者であるべき」という強い要請があったためと想像される。

こうして、日銀、大蔵のたすき掛け人事が当たり前のように繰り返されるのと同時に、大蔵出身の総裁候補はあくまで次官OBという不文律ができ上がった。総裁の任期は原則五年間（再任も可能）だから、大蔵から総裁になれるのは十年に一人ということになり、次官OBの中でも「大物」と思しき人物の指定席の位置づけが明確になっていった。

それは、森永、澄田、松下の経歴を見ても十分に頷ける。

まず森永だが、大物中の大物という評価が今日までも語られる。文書課長―官房長―主計局長というエリートコースを歩んで次官に就任し、大物次官の証明とされる二年間の任期を務めた。天下り先も現役時代と負けず劣らず華麗そのもので、日本輸出入銀行

（輸銀）総裁から東京証券取引所理事長を経て、さらに日銀総裁と大所を次々と渡り歩いた。

次の澄田は、主計局長ではなく銀行局長から次官に昇格し、当時としては異例のコースを歩んだが、次官は二年間の任期をまっとうした。天下りコースも、輸銀総裁、日銀副総裁から総裁へと駆け上がり、総裁になるべくしてなった人物といえた。

さらに松下も、大蔵省で歩んだコースは秘書課長―主計局次長―官房長―主計局長―次官と、絵に描いたような出世街道を驀進した。次官も二年務めて現役時代から大物の評価が高かった。だが、官房長時代に官官接待に伴う公費天国キャンペーンの批判を受けて戒告処分を受け、そのために天下り先も太陽神戸銀行という民間金融機関に籍を置いたが、最後は請われる形で日銀総裁に担ぎ上げられた。

松下は人格識見の高さから、総裁候補に擬せられた後輩の山口光秀元東証理事長〔'51〕や吉野良彦元日本開発銀行総裁〔'53年旧制〕を退け、異例の形で民間から登用された。総裁になるべくしてなった人物との見方が多かったが、大蔵省不祥事と同時進行で表面化した日銀不祥事の責任を取り、一年九か月の任期を残して辞任、日銀出身の速水優に総裁を引き継いだ。

速水が総裁に就任した九八年は、戦時立法の旧日本銀行法が改正された年に当たり、「日銀の独立性」が担保された新日銀法の下の初代日銀プロパー総裁でもあった。この時点で、もはや五年ごとのたすき掛け人事は過去の遺物になった、と多くの関係者が受け止めた。実際、速水のあと、福井俊彦、白川方明と日銀出身者が三代連続で総裁の座に就き、結果から見ると人事でも日銀の独立性が確保されたかに映った。

そんな時期、一覧表には表われない〝人事抗争〟が起きたことはいまだ記憶に新しい。福井のもとで副総裁を務めていた財務省出身の武藤が、福井の後任総裁に昇格できるかどうか、国会同意人事をめぐる熾烈な戦いがあった。時の野党・民主党は「財政と金融の分離」を盾に武藤の総裁就任を徹底して拒み、総裁空席の異常事態が続く中でダークホースともいえる白川が急浮上し、かろうじて日銀プロパーの総裁が実現したのだ。

ここであえてつけ加えれば、武藤は省庁再編で大蔵省から財務省に名称変更された当時、通算二年半余にわたり次官を務めた大物官僚である。過去の森永、澄田、松下と比べても遜色のないエリートコースを歩み、仮にたすき掛けが続いていれば、最有力候補の一人であるのは衆目の一致するところであった。

総裁の同意人事が拒否されて数日後、武藤に話を聞く機会を持ったが、政治に翻弄された自らの人事を振り返り、万感の思いを込めて次のように語った言葉が今も耳に残っている。

「日銀総裁は、なりたくてなれるもんじゃなくてね。これは、もう、赤紙（軍隊の召集令状）みたいなものと思うしかない。仮に、なりたくてしょうがない人がいるとしても、それは無理、できないよ、そういう人には……」

「赤紙」に込めた武藤の思いのすべてを理解するのは難しいが、ある意味、命懸けで臨むべきポストだということを言外に語っていることだけは疑問の余地がない。いずれにしても、独立性を高めた新日銀法の下で武藤は〝幻の日銀総裁〟と化し、たすき掛け人事は完全に過去のものになったと疑う者はなかった。

ところが、運命の糸は時折、予想もしない振りつけをする。白川の後任として財務省出身の黒田が、突如、総裁候補に躍り出てきたのだ。「またもやたすき掛け人事の復活か？」と眉をひそめる向きもあったが、同じ財務官僚とはいえ、黒田の経歴はかつての総裁経験者とは明らかな違いがあった。

繰り返しになるが、森永、澄田、松下はいずれも事務次官を経験した人たちである。しかも、主計局次長や主計局長など財務省最強軍団の主計畑を歩き、退官後も大物次官としての評価が定着していた。

これに対し、黒田はキャリアの前半を主税局、後半を国際金融局で過ごした。最終ポストも財務官で終え、当時はアジア開発銀行総裁のポストにあって、過去の慣例にならえば総裁候補に名前が挙がることさえ考えられない経歴である。それが一転して黒田に白羽の矢が立ったのは、デフレの収束を最優先課題に掲げた安倍首相が、自らの経済政策であるアベノミクスの司令塔として日銀の舵取りを任せたということに尽きる。

「歴代最長・黒田」の次の次は？

ところで、日銀総裁の任期は五年間で再任が可能だが、一覧表にある十四人の総裁はどれくらいの任期を務めたのか。短期間に二度務めた新木栄吉と、三年三か月の松下は例外として、他の十二人は五年の任期を全うし、さらにうち二人（黒田を含めると三人）は再任期間も総裁の座にあった。

一人は一萬田尚登であり、戦後間もない四六年六月から五四年十二月まで、八年半にわたって総裁を務めた。彼の在任期間は戦後の経済復興期に当り、大蔵省ではなく日銀が金融政策の実権を握っていた時期に総裁として辣腕を振るった。

そうした日銀の存在はローマ教皇庁にも例えられ、一萬田は精悍な容貌とともに「法王」の異名を取った。戦後の混乱が続いた時代とはいえ、日銀プロパーの総裁が金融全般にわたって強大な権限を持ち、いわゆる「日銀の独立性」が最大限発揮された最後の総裁といっていい。総裁退任後、その実力が買われて二度も蔵相に就いている。

もう一人は**山際正道**〔'25〕で、五六年十一月から六四年十二月まで八年余在任した。山際は東京帝大経済学部卒で大蔵省に入るが、同期にはのちに首相となる**池田勇人**がいた。池田が主税畑だったのに対し、山際は銀行畑を歩いた。終戦後のどさくさの時代に、まず山際が次官に昇格し、先輩一人を挟んで池田も次官を拝命した。幹部クラスが公職追放になった結果とはいえ、いずれも主流ではない経済学部出身の山際と、京都帝大法学部卒の池田が次官の椅子を射止めたのは興味深い。

次官退任後、政治家に転身した池田は初当選すると蔵相に大抜擢され、首相への階段を着実に駆け上った。恐らく、政界で重きを成す池田の強力なバックアップがあったのだろう、山際は輸銀総裁から日銀総裁へ異例の出世を遂げる。池田の看板政策であった所得倍増計画を金融面から支え、池田が首相を辞任した一か月後、山際も健康上の理由で総裁を辞した。

理由はともあれ、一萬田が八年半、山際が八年余と、八年を節目に身を引いている。あくまで先例にすぎないものの、日銀のトップの座を示す指標として一つの参考にはなる。黒田バズーカも火薬が湿りがちになり、当初の破壊力が失われつつある今、新たな政策転換が求められる時期に来ているのではないだろうか。

いやはや、財務省はどこまでもしたたかな役所である。前例のない百十二人の大量処分者を出した大蔵省不祥事を契機に、かつての威光は衰えたりとはいえ、官庁の中の官庁としての威厳を取り戻そうと、水面下でのさまざまな工作に手を抜くことはない。

気の早い話だが、黒田の次の総裁が日銀出身者に戻るであろうことを見越して、財務省からその次の総裁候補を売り込もうとささやき始めている。その候補とは、財務官からアジア開発銀行総裁へ黒田と同じコースを辿った**浅川雅嗣**〔'81〕であり、二〇年一月に総裁に就任したばかりだというのに早くもリストに名前が挙がった。

浅川はキャリアを主に主税畑、国際畑で過ごし、この点も黒田の経歴と重なる部分がある。麻生太郎財務相の首相時代の秘書官を務め、財務相の時には四年間も財務官のポストにあって、国際的な人脈も豊富なことから、グローバル化時代の日銀総裁に相応しいというのがその理由だ。

財務省の中枢である大臣官房の現役幹部は、浅川総裁候補説の背景をこう解説する。

「黒田さんが財務官から日銀総裁になったのは、エポックメーキング（画期的）な出来事でした。大物次官の武藤さんは本当に残念でしたが、仮に次官経験者が総裁になっていたら、マスコミはこぞって〝大蔵省支配の復活〟と書き立てていたと思う。それが、黒田さんの場合は財務官だったから激しい批判を受けずに国会で同意が得られたわけで、総裁への道を残すという点でセカンドベストの選択だったのは確かでしょうね」

あえて財務官僚のホンネに迫れば、不祥事以降、年々天下り先が細りつつある中、日銀総裁は垂涎の的ともいえるＯＢの処遇ポストであるのは確かだ。この幹部は「まあ、次官経験者の総裁就任が理想ですが、財務官でもいいというならそれで結構じゃないですか」とぽつりと漏らし、実質的なたすき掛け人事が続いていくことにまんざらでもない表情を浮かべた。

それを聞いて、「日銀の独立性」とは何かを改めて考えさせられた。根本的に何からの独立なのか、金融政策は言わずもがな、その一つに総裁人事が含まれていることも間違いないはずだが……。

第7章　財務省の理系迫害

理系出身の局長

のっけからクイズ仕立てで恐縮だが、戦後の大蔵省に入省したキャリア官僚のうち、理系の学部・学科卒で、本省の局長以上のポストに就いた人物はいったい何人ぐらいいるだろうか？

この質問の答えを予想するにあたり、ヒントらしきものを紹介しておこう。

戦後入省者で事務次官にまで上り詰めた人物は就任予定を含め三十六人にのぼるが、出身大学は東京大学法学部三十二人、同経済学部二人、京都大学法学部一人、一橋大学経済学部一人で、東大法が九割弱を占めることはすでに述べた。官僚にとって最後の栄冠である次官を理系出身が射止めたケースはいまだゼロだが、金融庁が分かれる前の大蔵省時代に局長は同期の中から五〜六人が出たので、次官ほど狭き門というわけではない。

ヒントにもならないヒントに面食らった向きもあると思うが、ずばり、答えを明かせばたったの一人。それも、主計、主税、理財などの主要局長ではなく、インターナショナルをつかさどる国際局長という、財務省にあっては外様ともいえる局長だった。

156〜157頁の表を見てもらいたい。

理系出身の財務省キャリア官僚の系譜を示したものだが、筆者が取材やインタビューで知り得る立場にあった人物を列記している。また、大学は理系で入学したが途中から文系に転入した者（いわゆる文転）、理系で大学を卒業した後に文系の学部に学士入学した者などいくつかのパターンに分かれるが、冒頭の問いの「理系出身の局長」はあくまで最終学歴が理系であることを前提とした。

そのたった一人が、**井戸清人**元国際局長〈'73〉。同僚の誰に聞いても「明るい」「社交的」「理系の理の字も感じさせない」という評価がほとんどで、理系というと「ネクラ」「オタク」「了見が狭い」といった見方がついて回るが、井戸はその正反対の人物だった。

次官OBの一人は、そんな井戸の社交性を物語るエピソードを披露した。それは、彼が米州開発銀行（IDB）に出向していた頃で、当時人事を担当していたOBのところに相談に来た時の話だ。

「イグレシアスという総裁から、ぜひもう一年やってほしいと言われたという。自分はすでに三年やっていて帰りたいのだが、どうしたらいいかという相談だった。私は、それほど総裁の信任が厚く、留任を懇願されたのなら〝絶対に残れ〟と言った。純粋に日本的な思考――それを法学部的といっていいかどうかわからないが、これだと国際機関で信頼を得るのは難しく、やはり、彼が数学という共通言語を背景とした柔軟な発想で対応できたからだと思う」

井戸にインタビューを申し込んだが、「自分は理系を意識したことがないので、取材は辞退したい」と丁重に断られた。

	最終ポスト
	事務次官
	主計局調査課
	国税審議官
	内閣府官房審議官
	国際局長
	税務大学校長
	内閣参事官
	金融庁長官
	内閣府参事官
	（現）金融庁総合政策局長
	官房調査企画課課長補佐
	（現）復興庁統括官付審議官
	財務総合政策研究所主任研究官

金融庁長官・森信親「かく語りき」

ここからは、途中で文系に転じた人たちも含めて話を進めるが、八〇年入省組には二人の理系頭脳の持ち主がいた。のちに次官に昇格する小粥正巳秘書課長（'56）が採用した年次で、彼自身、旧制一高時代は理科甲類に籍を置いていた理系人間だけに、採用にも多様性を持たせたいと考えた結果だったのだ

氏名(入省年次)		出身大学	入省時ポスト
小粥 正巳	(56)	旧制一高理科甲類から東大法学部に進学	主税局調査課
野口 悠紀雄	(64)	東大工学部応用物理学科	証券局総務課
日下部 元雄	(70)	東大理学部数学科、大学院修士課程(数学専攻)	主計局調査課
塚田 弘志	(72)	東大理学部数学科、経済学部(学士入学)	証券局企業財務第一課
井戸 清人	(73)	東工大理学部数学科	主税局国際租税課
林 藤樹	(77)	東大大学院工学部都市工学科	官房文書課
髙橋 洋一	(80)	東大理学部数学科、経済学部(学士入学)	証券局総務課
森 信親	(80)	東大理科Ⅱ類から教養学部国際関係論コースに転入	国際金融局国際機構課
田中 秀明	(85)	東工大大学院社会理工学研究科	主計局総務課
中島 淳一	(85)	東大工学部計数工学科	銀行局総務課
朝倉 光司	(88)	慶応大医学部	官房調査企画課
阿久澤 孝	(91)	東大理科Ⅱ類から教養学部国際関係論コースに転入	主計局総務課
小黒 一正	(97)	京大理学部物理学科	証券局総務課

ろうか。

一人は、**森信親**元金融庁長官であり、一八年七月、三年間の任期を終えて退官する直前にインタビューした。表の「出身大学」からも明らかなように、森は東大で専門課程に進む際に異例のコースを辿った。

「中、高校時代に数学と物理ができたので理科Ⅱ類に入りましたが、次第に理系の授業に興味を失っていきました。そんな半面で国際問題に関心を持つようになり、専門を決める三年生の時に教養学部の国際関係論コースにいわゆる文転しました。でも、その時点ではまだ、公務員になろうという明確な目標があったわけではありません」

将来のビジョンが定まらない森の背中を押したのは、父親の存在だった。台湾の総督府にいて戦後引き揚げ、通産省（現経産省）にノンキャリアとして奉職していた。その父親が常々、「公務員になるなら大蔵省がいいぞ」と話していたのが、心の内で少しずつ鮮明な輪郭を持つようになり、本人も公務員志望に傾いていった。当時、同じ国際関係論コースから外交官試験に挑戦するクラスメイトも多く、彼らから刺激を受けたのも確かだった。国家公務員試験の一次試験はマークシート方式なので、法律職といわれても受験準備が難しいが、経済職なら理系的な要素もあり、何とかなるかもしれないと考えるようになった。

一年留年して受験勉強に没頭、公務員試験に合格し、大蔵省の面接にもパスした。第二次石油危機の余波で不況色の濃い八〇年四月、父親の期待に応えて大蔵省に入り、国際金融局国際機構課を振り出しに官僚人生をスタートした。

その後、証券局業務課、主計局主計官補佐（主査）、銀行局銀行課、国際金融局総務課など、オールラウンドプレーヤーとして幅広い経験を積んだ。大蔵官僚として最も脂の乗る仕事ができるのは課長補佐の時代といわれるが、森がこれら各課で培ったさまざまな経験が、のちに金融庁に移ってからの仕事に血となり肉となったのは想像に難くない。

二〇〇六年の定期異動で、大きな転機を迎える。九〇年代後半の過剰接待・汚職事件を契機に大蔵省から独立した金融庁に移り、監督局総務課長の辞令を受けたのだ。

それからは金融庁一筋の役人生活を送り、総務企画局総括審議官、検査局長、監督局長を経て一五年に長官へと昇り詰めた。三年間の金融庁長官時代は、収益力の低迷に苦しむ地方銀行の再編に力を注ぎ、代々大蔵省の天下りが頭取を務めていた横浜銀行で、大蔵一家の先輩を排除して生え抜きの頭取を誕生させるなど、持ち前の辣腕を振るって前例踏襲に陥りがちな旧弊を打破した。

その一方、ふくおかフィナンシャルグループと十八銀行の経営統合では公正取引委員会と激しく対立したり、「地銀のお手本」と称賛したスルガ銀行でシェアハウス投資に絡む不正融資が発覚したり、前のめりの行政手腕が批判を招くこともあった。毀誉褒貶相半ばする長官時代ではあったが、私なりの感想をあえて言わせてもらえば、エリート集団として財務省に君臨してきた東大法学部卒のキャリア官僚とは、ひと味違ったカラーを打ち出したのではないかと思う。

そんな森に、今日的なキャリア官僚像と理系頭脳の親和性について、率直な意見を聞き出してみたい誘惑に駆られた。キャリア官僚像といっても、森の場合は後半の十二年間を金融庁で過ごしただけに、金融行政と理系頭脳の親和性といったほうがより正確かもしれない。

「東大法学部支配」への疑問

そうした漠とした取材の狙いを提示しながら、いよいよ本丸に迫る質問を始めようとしたところ、森はいきなり、「金融は、物理に似ていますね」と断定的に結論づけ、そのココロを次のように説明した。

「いや、金融だけでなく経済もそうですが、あらゆるメカニズムが『系』で循環しているんです。直接金融も間接金融もおカネの巡りであり、こちらで起こることがあちらに影響し、その反対にあちらがこちらに影響して、全体が系として動いています。そのため部分的なミクロの世界から、その集合体であるマクロの世界を理解する必要があり、金融を系でとらえるのに理系の考え方が役立つのは間違いありません」

「系」を広辞苑で引くと、「一定の相互作用または相互連関を持つ物体の集合」とある。天体の運行をも連想させる深遠な世界であり、金融や経済を系に見立てるところに理系頭脳を持つ森の面目躍如を感じさせた。

自身が手掛けた地方銀行の再編を俎上に、その分析手法と政策決定のあり方について畳みかけるように続けた。

「地域金融の問題は、数理統計学を使って分析すると本質がよくわかります。一つの銀行がああだ、こうだといっても駄目で、マクロの視点からとらえないと全体が見えてきません。人口動態によって預金がどうなるか、つまり人口減少とともに資金需要がどう減少するか、ファクト（事実）を踏まえた分析を基に判断する必要があります。そして金融の系のどこにリスクがあるのかがわかれば、そこに新たな政策が生まれてくるわけです」

地方銀行再編の背景に、数理統計学を駆使した人口動態分析があったのは新鮮に聞こえるが、今日の金融行政全体を俯瞰すると話はそれだけにとどまらない。金融とＩＴ（情報技術）が融合した新たな世界が日々増殖し、かつて店舗の許認可に象徴された旧来の金融行政は過去のものになってしまったからだ。

十二年に及ぶ金融庁時代を、「金融の世界は様変わりしている」と感慨深げに振り返る森は、「若き日の理系の知識があったからこそここまでやってこれた」と、しみじみとした口ぶりで語った。そんな森にとって、「東大法学部支配」が旧態依然として続く財務省には疑問を感じるようで、こんな持論を披瀝した。

「法学部の人の発想は、今の制度を所与のものとして考え、それがどう変化するかを基本にします。それに対し、理系の人は何が一番最適なのかから入るのが常で、その点に根本的な違いがあります」

本人はそこまで言及しなかったが、法学部をはじめとする文系卒では、激変する金融行政に対応するのは難しいと言っているように聞こえた。

実際、新人の採用に当たっても、「ここ何年か、全員、理系でいいからと言ってきました」と内情を打ち明けた。九八年当時、大蔵省から金融監督庁（金融庁の前身）に移ったのは約四百人だったが、この二十年で金融庁の職員は千六百人と四倍に膨れ上がった。このうち四分の一が中途採用で民間から来ており、文理の比率は明らかではないが、人材が多様化していることだけは間違いない。

「360度人事評価」の原点

当の森は、キャリア官僚にとって命よりも大事とさえ思われる、人事評価のあり方にも先鞭をつけた。二〇一八年七月に金融庁から大胆な改革の方針が示され、ついに旧態依然たる霞が関にも変化の兆しが現われてきた、とひとしきり話題をさらったものだ。

その金融庁改革の中身は後述するとして、筆者のささやかな取材体験から話を始めたいと思う。一九九〇年代半ば以降、大蔵省は過剰接待・汚職事件に象徴される不祥事に揺れたが、役所の立て直しにどのような処方箋があるのか、英、米、独、仏の大蔵省（あるいは財務省）を取材し、何らかのヒントを得ようと四か国を駆け足で回ったことがある。

先進各国それぞれの国の成り立ちやお国柄で、組織形態、人事評価の方法はバラエティーに富んでいたものの、私が最も興味を引かれたのは、英大蔵省が実験的に採用を開始していた「360度人事評価」と名づけられた斬新なアイデアであった。

あれから四半世紀を経て、日本の金融庁もこの考え方を取り入れた人事評価制度を発表したわけだが、ともあれ、その先進事例として英大蔵省のケースを紹介してみる。取材ノートの「一九九六年四月」のメモを丹念に起こしながら、当時の英国が置かれた政治経済情勢を踏まえ、そこから生まれた「360度人事評価」の真の狙いに迫ってみよう。

行政改革の先進国といわれた英国では、国家公務員をこの時までの十五年間で大幅に削減した。サッチャー、メージャー両首相の保守党政権の下、国有企業の民営化や国家行政組織の民間委託を進め、七九年に七十五万人だった国家公務員は四十九万人にまで減った。

英国の官庁の中で、最も強大な権限を持つ大蔵省の場合はどう行革が進んだのか。首相官邸（ダウニング街十番地）に近接する大蔵省は、日本の大蔵省に経済企画庁、総務庁などの機能を併せ持った組織であり、大英帝国時代の威厳を保つ古めかしい建物の中にあった。

彼らは、九五年四月から抜本改革に着手した。「Far Reaching Reforms（さらなる高水準の改革）」と名づけられた組織改革で、具体的には、

①同省の目標と任務の明確化
②新しい機構の創設
③指揮命令系統の合理化
④最善の支援サービスの提供……

などを柱に据えていた。

「小さな政府」を志向するサッチャリズムの考え方が底流にあったのは確かだが、それと同時に九五年度末で四百五十億ポンド、国内総生産（GDP）比八%を超える巨額な財政赤字を抱えた現実が促進要因になったのも事実だった。大蔵省の大臣官房に籍を置くジェレミー・ヘイウッド政策課長は、その辺りのいきさつを次のように解説した。

「歳出・行革を担当する大臣の指示によるもので、『Fundamental Expenditure Reforms』（抜本的な歳出の見直し）という考え方に沿って進められてきました。各省庁が横並びで取り組んだのは、財政赤字削減の強い要請があったからです。ただ、もともと大蔵省から出たアイデアで改革が進められたので、我々自身、最も苦い薬を飲まざるを得ないのが実情でした」

このように行政に関する限りあらゆる領域にメスを入れ、とことん小さな政府を目指していたのが当時の英国の偽らざる姿であった。厳しい改革の断行により、大蔵省改革もほぼ終着点に到達しつつあるのかと思いきや、ヘイウッドはさらに三点の検討課題を強調してみせた。

①ニュー・エレクトロニック・ファイリング・システム（新電子ファイルシステム）

②本省建物の有効利用
③360度人事評価

①と②はともかく、三つの課題の中で最も斬新に映ったのは、③の360度人事評価だったのは言うまでもない。

「いったい、どんな人事評価をするんですか？」

こちらが怪訝そうな表情で聞き返すと、ヘイウッドは待ってましたとばかりに説明を始めた。

「これまでの人事評価は、上司が部下を評価するだけでしたが、これでは本人の能力や実績を正しく評価することにはなりません。そこで、部下が上司を評価したり、時には外部の関係者からも評価してもらうシステムをつくろうと思っています」

つまり、上から下を評価するだけでなく、上からも下からも、横からも、あるいは斜めからも職員の評価をより明確にしようという試みであった。この背景には、民間との間に競争原理が導入されたことで、国民のニーズを取り入れていかに素早く対応するか、役人の存在理由が根底から問われていた現実がある。英語の「Bureaucrat（ビューロクラット)」という言葉は「官僚」と訳されるが、実際は「何もしない人」のニュアンスが込められているといわれ、まさに「進んでやる人」への発想の転換を迫るものといってよかった。

四分の一は民間、三分の一は女性

英大蔵省を取材してから、すでに四半世紀の歳月が流れた。「360度人事評価」という耳に心地よく響く言葉は、その後もずっと頭の片隅に残っていたが、日本の霞が関でこのアイデアに出会うとはまったく予想もしていなかった。まして、かつては大蔵省の一組織だった金融庁がその先鞭をつけるとは、キャリア官僚を取り巻く環境が様変わりしていることを如実に示すものではあった。

一八年七月に発表された「金融庁の改革について」と題する資料には、「国民のため、国益のために絶えず自己変革できる組織へ」との副題がついていた。この改革方針は、三年間にわたり金融庁長官を務めた森信親(80)の置きみやげであり、自身が去ったあとも改革の灯を絶やすべきではないという、強固な意志が刷り込まれているように感じられた。

発案者の森は、改革方針をまとめるに至った経緯をこう説明した。

「ある方から、『役所は人を育てることが下手ですね』と言われたことがあります。人事評価は、英語で"human resources development"と書きますが、なるほど、役所の人事にはこの発想が極めて足りない。人の評価をきちんとする組織こそがエクセレント・カンパニー（優良企業）だとも言われましたが、頑張った人には人事当局が客観的に評価してあげて、本人のキャリアに最適な解を見つけるシステムがいかに重要かを痛感した次第です」

そんな思いに森を追い込んだ背景に、近年の金融庁がかつての大蔵省の金融部局とまったく異なる姿になっていることが挙げられる。民間出身者を積極的に採用した結果、全職員（約千六百人）の約四分の一が民間出身になっているのに加え、女性や理系出身者など多様なバックグラウンドを持つ人材も採用枠を増やしてきたため、新規採用に占める女性の比率は一一年以降、継続して三分の一以上を維持している。

これだけ大きな変化が起きている以上、金融庁自身も改革の旗を一層高く掲げていく必要に迫られる。基本方針は、改革すべき中心課題に「ガバナンス（管理能力）」と「組織文化」の二つを挙げ、大蔵省時代の金融部局が犯した不祥事を念頭に、

〈身内だけで、お互いが傷つかないように遠慮した議論しかできない組織は、現実から目を背け、重要な判断を先送りする結果、時代遅れな対応を繰り返し、いずれ存在意義を失ってしまう〉

と自己批判し、組織文化の改革に向けた強い意欲をこう指摘した。

〈『国のために貢献したい』、『成長して自分の価値を高めたい』と常に意識し、行動できるようになって始めて、質の高い行政を実現することができる。そのためには、人事評価や任用のあり方を含めた、組織文化の改革が不可欠である。加えて、同じようなバックグラウンドをもって、同じような発想しかできない人間ばかりからなる組織からは、新しい発想や新しい取組みは生まれない。多様な人材が集まってこそ、これまでは問題と思っていなかったことが問題であると気づくことができる〉

一読して「これが官僚の手になる文章なのか」と、意外感に打たれる読者も多いのではないか。改革の基本方針というより、来し方を反省する〝自己批判書〟のニュアンスが強く、霞が関そのものが変わらざるを得ない重大な転換期を迎えていることを素直に受け入れているように見える。

課長クラスが参加した「一泊二日の研修」

さて、そこで特筆すべき「360度人事評価」である。「組織文化の改革」という大きな枠組みの中で、この点について以下のように記述する。

〈『国民のため、国益のために行動する』『困難な課題や都合の悪い現実から逃げない』といった金融庁職員が持つべき心構えを、360度評価研修や人事評価の評価項目に反映した。今後は、『国民のため、国益のため』に正論を唱え、困難な課題であっても積極的・主体的に取り組み、実行する職員が正当に評価されるよう、上司による人事評価のみならず、部下職員等による評価、過去の評価履歴等も含めた総合的な人事情報に基づく多面的な評価を行っていく〉

従来の官僚文書であれば、「総合的」あるいは「多面的」といった抽象的な表現で逃げていただろうが、「360度評価」と明記したところにこれまでにない新しさがある。英大蔵省で四半世紀前に始められた改革が、やっと日本でも日の目を見ることになったという多少の口惜しさはあるものの、金融庁がここまで踏み込んだことを素直に評価したい気持ちになる。

実際、森が金融庁長官に就任した最初の年、課長クラスの精鋭十数人を対象にして試験的に実施したことがある。ただ評価するだけでなく、一泊二日の研修に参加させて専門家のアドバイスを受けながら、自分の評価と他人の評価を比較対照して、より客観的な人事評価を導き出していく。

「いくつかのグループをつくり、初日は一人の人物について周りの人が『お前はここが悪い』と、さんざん批判して本人をへこませる。一晩じっくり考えさせる時間を与え、翌日、『私はこういう評価で、ここに改善目標がある』と本人のホンネの弁を聞く。360度評価は、評価をする人もされる人もきついが、彼らから『若い時にこういう試みをやってもらってよかった』と好評の声が多く聞かれました」

若手の予想外の反応に気をよくした森は、退官直前に改革の基本方針として公表したわけだが、360度評価は単なる人事評価にとどまる話ではない。それが、組織の運営に貢献しなければ意味がないとの考えから、人材の需要と供給の両面に焦点を合わせ、さらなるこんな狙いを明らかにした。

「金融庁に今いる人たちはどういう人で、これから先、どういうキャリアの人がいないといけないかという問題があります。現実に東大法学部卒が多いものの、金融が急速にデジタル化している中で、需要はますますIT系にシフトしている。そうした専門分野のミスマッチをどう解消していくか、何本もの複雑な連立方程式を解くような難しさがあるのも確かです」

ここで、森から「今日の金融行政に法学部卒はあまり役に立たない」とホンネの議論が飛び出すかと身構えたが、そこまで短絡的な話にはならなかった。この点は言葉を選びながら、「行政である以上、法学部は重要だが、組織には多様性を持たせることが大事。いろいろな考えを持つ人を入れていくことで、政策のレベルが上がっていく」と、無難な言い回しながら理系シフトの必要性を示唆した。

「問題を解くことではなく、問題をつくること」

結局、森の発想の原点を突き詰めていくと、金融だけでなく、人事も「系」でできているという結論に辿り着く。組織の需給にミスマッチがあるなか、本人の能力ややる気をいかに公平に、客観的に判断して処遇していくか、決して部分最適に陥ることなく全体最適を実現するシステムが構築できるか、が最後の勝負と考えているように見受けられた。

「系」という物の見方とともに、森が理系頭脳の持ち主であることを実感したのは、

「局長の一番重要な仕事は、問題を解くことではなく、問題をつくることなんです」と前置きして、こんな現状認識を強調した時だった。

「今は人事評価のあり方が全然変わり、上から（問題を）与えられたらできるんだとか、これまでやってきたことを踏襲、あるいは微調整すればいい、ではなくなっています。世の中が目まぐるしく変化する中で、自分たちは変わっているつもりでも、変わるスピードが非常に遅い。次々に起こる問題に対し、本来どうあるべきかから始まって、現実とのギャップを埋めていく発想を常にしていかないと、行政が満足に機能しなくなっているんです」

こうした森の指摘を「理系的」と見るのは、やや牽強付会のそしりを免れないだろうが、文系、とりわけ法学部の発想は、今ある制度を所与のものとしてそれに変更を加えていく、まさに与えられた問題を解く能力が問われてきた。だが、今や幹部に昇格すればするほど、問題解決能力以上に問題提案能力が問われるというわけで、この認識こそ「真理の探究」に絶対の価値を置く理系の発想そのものと言っていいように思う。

インタビューの最後に、「このアイデアは霞が関に広がるんじゃないですか」と訊いた。それに対する森の答えは、「まずは自分たちでやってみて、それが成功すれば自然に広がっていくかもしれません」という抑えたものだったが、それから間もなく、決裁文書改ざんやセクハラ疑惑に揺れる財務省も採用せざるを得なくなる。

もう一人の理系頭脳

八〇年入省組には、もう一人の理系頭脳がいた。今はアカデミズムに籍を置いて発信を続け、『「文系バカ」が、日本をダメにする』（WAC）など刺激的なタイトルの著作も多い**髙橋洋一**嘉悦大学教授である。文系と理系の発想の違いについて髙橋にも話を聞いたが、森と似たような答えを返した。

「法学部の人は、すでにある制度を所与のものとして考える傾向が強い。制度を変えると、知識の根幹が変わってしまうので、その後の対応が難しくなる不安からどうしても前例踏襲になりがちです。その点、われわれ理系の人間は、論理から結論を導き出し、最適な状態に変更を加える過程がまったく気にならない。予算や税という数字を扱うのが主な仕事の財務省が、法学士の牙城となっているのは不思議議としか思えません」

そうした見方を、さらにアカデミックな高い次元から、髙橋流の解説を試みた。

「一言で言えば、理系の本質は真理の探求にあるんです。真理がどこにあるか、自分の頭で考えて判断する訓練を受けています。その際、真理に対して権威はまるで関係ありません。定義が正しければ誰も文句は言えないし、真理を証明できるかどうか、それだけがすべてであって無謬性は科学ではないんです」

東大理学部数学科出身の大蔵官僚は、当時、高橋が三人目。いざ入省してみると、「変な経歴の人が入ってきた」という冷ややかな視線を感じることがしばしばあった。経済職で合格したことから、待遇は技官ではなくあくまで事務官だったが、「東大法学部卒にあらずんば人にあらず」の大蔵省にあって、常に心の片隅で秘書課担当者の「君は〝変人枠〟採用だからね」という耳打ちを意識しながらの官僚生活が始まった。

しかし、九〇年代後半以降の金融機関に膨れ上がる不良債権問題や財政投融資改革などが、期せずして高橋の理系頭脳にスポットを当てた。不良債権処理のスキームづくりで重要な役割を演じ、財投の金利リスクを総合管理するシステム導入に一役買い、救世主と持ち上げられたこともある。

それにしても、不良債権処理や財投のリスク管理などで理系頭脳の必要性が認識されたはずなのに、なぜ、財務省の東大法学部支配は続くのだろう。政策立案に際して法律の重要性は十分理解できるが、失われた二十年のデフレ不況を「東大法学部不況」と揶揄する声もあるように、あまりに偏った人員構成に年々疑問の声が高まってきたのも事実だ。中でも、東大法卒が七～八割を占めるキャリアと、彼ら以外のノンキャリアとの関係に焦点を合わせ、髙橋自らが見聞きしてきた実態をこう語った。

「政策を法律に起こすとき、基本的にジェネラリストのキャリアには書けないので、ベテランとよばれるノンキャリアに頼らざるを得ません。長年その分野に精通してきたノンキャリアの聖域を侵すことなく、政治折衝の上澄みをキャリアが取る形で、暗黙の共存共栄を図ってきたのが財務省という組織なのです」

近年、政策の専門性がますます高度化し、政官の関係で政治の優位性が強まるなか、こうした共存共栄の仕組みにも限界が来ていると、髙橋は見る。

若手の中には、京大理学部物理学科で素粒子論を専攻し、現在は退官して法政大学経済学部教授を務める**小黒一正**〔'97〕がいた。日本でノーベル賞の第一号に輝いた湯川秀樹博士の流れを汲む、理系頭脳の一人である。

そんな小黒が大蔵省への道を歩んだのは、ひょんな出会いがきっかけだった。大学三年の秋、友人から「ちょっと覗いてみないか」と誘われ、同省の就職説明会に出たのが大きな転機となった。二年生までにすべての単位を取り終え、「ゆくゆくは物理学者に」

と考えていた小黒だが、国家予算や国のシステムにも関心があり、聞いてみるだけ聞いてみるかと参加した。

この時の説明会に現われたのが田中一穂官房秘書課企画官〈'79〉で、政と官の駆け引きなど生の体験談をちりばめておもしろおかしく大蔵官僚の魅力を語った。話が終わったあと、さらに関心のある何人かが残り、田中との雑談会となった。

二十年以上前のことで細かいやり取りは忘れたというが、自分が理系、それも物理学科であることを話し、採用の可能性を質してみた。すると、田中はその場で単刀直入な答えを返した。

「お前、うちに来いよ！」

この一言が、どんな思いで語られたかはわからない。まさか〈国家公務員試験に受かれば必ず採用するから〉というニュアンスで語られたとは思えなかった。が、この言葉に背中を押されるように公務員試験に挑戦して見事合格、大蔵省不祥事が燎原の火のように広がり始めた九七年四月に入省した。

二年目に籍を置いた官房文書課は、主計、主税局をはじめ各局の情報が集まるところであり、ここで早くも疑問が生じ始めた。「この役所には全体の財政を把握している人が本当にいるのだろうか?」という素朴な疑問であり、それを上司に直接ぶつけたこともあるが、「わかっている」との答えが返ってくるのが常であった。

だが、九〇年代後半はまだ役所に情報が集中し、政界、学界、民間企業に対して官の側に優位性が保たれていた。だから、「法学部的な発想で先に結論ありき、曖昧なままにあれこれ説明していれば説得できた」が、二〇〇〇年代に入るとそれが難しくなる現実がますます加速してきた。

「インターネットや情報公開法などの波及効果で情報が外に出ていくようになり、学者も民間のシンクタンクも調査や分析が容易にできるようになったんです。その瞬間から情報への官の独占が崩れ、ゲームの構造が完全に変わったのに、財政全体の分析もなされないまま、ただ政治との調整に時間を費やしていたのが現状でした」

そして、彼の口から「人材の再構築が迫られている」と、厳しい一言が口を突いて出た。

「組織が傾き始めると、人が集まらなくなってうまく回らなくなります。財務省は組織として限界に来ているし、いや、限界を突き抜けて壊れ始めているようにも見える。肝心な人材も東大法学部の上層部が入ってきていない現状で、二十年後は今とまったく異なる人材になっているのではないか。そうした将来の姿をにらんだ場合、新卒採用は文系も理系ももっと混ぜ合わせて組織に多様性を持たせないと、やがて人事が回らなくなると思います」

ただ、最近は理系頭脳の中から、出世頭と見られる人物も出てきた。**中島淳一**金融庁総合政策局長〔'85〕や**阿久澤孝**復興庁統括官付審議官〔'91〕らで、それぞれ金融庁、財務省でトップをうかがう位置につけていることは指摘しておきたい。

一二年秋の前代未聞の異変

今や財務省どころか、キャリア官僚最大の供給源であった東大法学部にさえ衰退の兆しが現われている。前代未聞の異変が起きたのは、一二年秋であった。

教養課程の二年生が専門課程の三年次に進む際に学部・学科を決める進学振り分け（いわゆる進振り）で、法学部の希望者が定員を下回る定員割れを起こしたのだ。東大法史上初の珍事だったが、その二年後の一四年にも同様の事態が発生し、東大生全体の学力低下を懸念する声がささやかれ始めた。

それまでの進振りでは、文科Ⅰ類から法学部に進むケースがほとんどだった。ところが、その文科Ⅰ類から経済学部などを志望する学生が増えたうえに、文科、理科を問わず、他類からの希望者も少なかった結果、定員割れになってしまった。文系の花形だった法学部そのものを、学生が敬遠する傾向が顕著になってきたということか。

それは学生時代に限らず、卒業後の進路にも似たような傾向が見られる。東大法学部の就職先の代名詞でもあった、霞が関（中央省庁）への就職が目に見えて減少してきた。大蔵省不祥事が発覚する以前の九〇年代前半には卒業生の約二五％を占めていたが、九〇年代後半から減少のペースが加速していき、一二年度で一七％、最近は往時の半分以下の一〇％程度で推移している。

こうした背景には、前にも触れたように過剰接待・汚職事件に対する世論の激しい官僚バッシングがある。官庁の中の官庁といわれてきた財務省ゆえ、批判もより増幅して浴びせられたために学生の志望意欲を失わせたことは容易に想像がつく。

加えて、給与水準が高い外資系企業への就職人気が高まったことが挙げられる。金融機関やコンサルタント会社など業績評価は厳しいものの、実力次第でより上のポストが狙える世界は、若いうちに徒弟制度のような激務に耐えなければならない役人生活と比べ、魅力的と映ったとしても不思議ではない。

一八年春の東大学部卒業生の就職先で、そんな傾向が端的に表われた。アクセンチュアやマッキンゼーなど欧米に本拠を置く外資系コンサルが躍進したのに対し、中央省庁は軒並み採用が減少した。わけても森友学園問題など逆風が吹き荒れた財務省は、前年より六人も少ない十一人にとどまった。長年、熾烈な獲得競争を繰り広げてきた経産省（十四人）を下回り、首位から六番目に大きく後退したのが目立った。

外資系金融などとの待遇の差は歴然としており、それでいて世論の強い風当たりや日々の仕事のブラックな環境が「国への貢献・奉仕」という意欲を殺いでいく。そんな厄介事にかじりつきたいと思うような超一流の人材は、少なく見積もって十年ほど前の時点で、財務省はもちろん霞が関に背を向け、距離を置いてきた。それは次章で取り上げる事柄とも密接に関係している。

第8章　辞め急ぐ財務官僚

異変を感じた八五年夏

まずは、183頁のグラフを見てもらいたい。一九八九（平成元）年から二〇〇八（同二十）年まで、二十年間の大蔵・財務省のキャリア官僚の採用者数と退職者数の推移を示したものである。

一目瞭然のように、九七年入省組の退職者が突出して多い。十九人の採用者に対し、この二十年余で九人と半分近く（正確には四七・四％）が辞めている。九七年という年は大蔵省のみならず、日本経済にとっても深刻な金融危機に見舞われた年であったが、そこに話を進める前に、私が見てきたこの役所をソデにした人たちの群像に迫ってみたいと思う。

これまでに触れたように、新聞社の経済記者として、初めて財政研究会を担当したのは八一年のこと。その頃の大蔵省は、主計、主税局の財政部門から銀行、証券、国際金

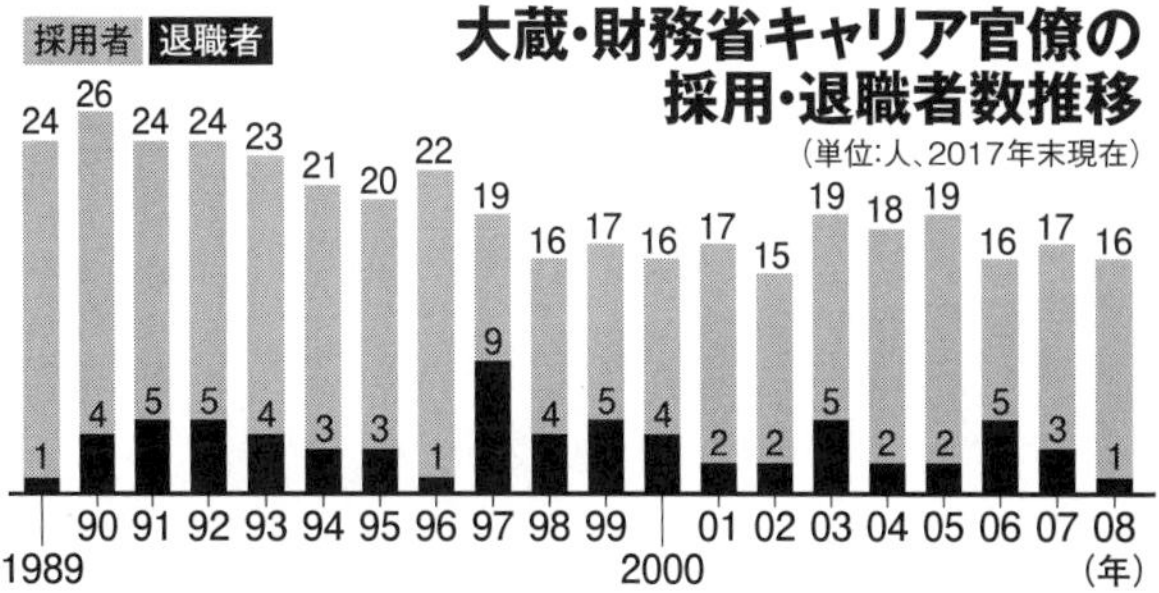

融局の金融部門まで日本経済に係わるすべての領域をカバーし、絶大な権限を誇っていた。霞が関では「官庁の中の官庁」と呼ばれ、彼ら自身、「我ら富士山、他は並の山」という意識を隠すことなく持ち続けている時代だった。

そんな強烈な自負に満ちた大蔵省という組織に所属し、しかも超エリートの尊称で語られるキャリア官僚が、「辞める」ということ自体考えられない時代でもあった。もちろん、それまでにも政界への転身を目指して辞職する大蔵官僚はいたが、省内では次官コースから外れた二流の人物の挑戦と受け止める向きが多かった。

若いうちは民間企業に比べて安月給に甘んじなければならないが、退官後の天下り先を渡り歩けば、秘書と車付きで億単位の報酬が得られる特権が約束された。現役中の最終ポストにもよるが、局長クラスまで務めれば、悠々自適の老後が入省時から保証されたも同然の組織であった。

まさに人も羨む特権階級としての大蔵官僚だったが、彼らの堅固な組織に、私がちょっとしたひび割れのような異変を感じたのは八五年夏のことである。キャリア官僚が突如辞表を提出し、当時、米国有数の投資銀行であったソロモン・ブラザーズに転職したのだ。

M〔'79〕。主計局総務課、米スタンフォード大学留学、関税局国際二課課長補佐と歩き、三十歳の転身であった。ちなみに七九年組の同期からは、のちに木下康司、香川俊介、田中一穂の三人の次官が輩出し、「花の七九（昭和五十四）年組」とも呼ばれた。

「えっ、キャリア官僚が辞める？　それも外資に？」——省内はもとより、霞が関をはじめとする関係者に大きな波紋を投じた。その中の一人がこの私で、なぜ辞めたのか、その理由を何としても本人の口から聞き出してみたい衝動に駆られた。

本人は辞職直後にトレーニー（試用行員）としてニューヨーク本社に赴任し、すでに日本にはいなかった。たまたま新聞社の連載企画で米国に出張することになり、現地でMにインタビューの機会を狙った。

夜、自宅に電話を入れると、夫人が出た。取材の趣旨を説明したところ、

「まだ帰っておりません。朝は六時に出て行くし、夜は十二時過ぎに帰ることも多い。

かえって大蔵省より忙しいみたいです」

Mはまだトレーニーだから、正社員に採用されるまで厳しいテストに耐えなければならない。エリート官僚としてのキャリアは日本でしか通用しないし、肉体と神経をギリギリまですり減らす毎日を送っているようだった。

それから数日後の日曜日、改めて電話を入れた。

「今日は少し早く帰りましたが、もう倒れるように寝てしまって……。起こしましょうか」

「お疲れのところ恐縮ですが、お願いします」

やっとMを電話口でつかまえ、取材の用件を説明し始めるや、

「何も、お話しすることはありません」と一言、苛立ち気味に電話を切られた。あれから三十年以上が過ぎた今も、あの声が耳の奥底に残っている。

大蔵不祥事の頃に去った二人

八五年といえば、日本経済の大きな節目となったプラザ合意の年に当たる。この年九月、先進五か国蔵相・中央銀行総裁会議（G5）がニューヨークのプラザホテルで開か

れ、ドル高是正を目指した為替市場への協調介入強化で合意した。結果、日本は急激な円高に見舞われ、輸出競争力が低下して景気後退が鮮明になった。

この円高不況への対応策として、金利の引き下げや総額六兆円規模の緊急経済対策が相次いで打ち出され、今度は一転してバブル景気が急激に拡大していく。そしてバブルと気づかぬまま好況に酔い痴れているうち、九〇年からの株価急落をきっかけに「失われた二十年」とも呼ばれるデフレ不況の泥沼へと沈んでいったのだ。

Mの辞職からしばらくは、キャリア官僚の進退に関する大きな動きは聞かれなかった。毎年一人か二人の割で政界進出は続いたが、外資系金融機関やコンサルタント会社への転職も表立って噂になることはなかった。

それが劇的に変化するのは、九〇年代半ばに入ってからである。バブルの崩壊が本格化するにつれて、住宅金融専門会社（住専）など不動産関連ノンバンクの経営破綻が表面化し始め、大蔵省の金融行政が厳しく問われるようになった。

「ノーパンしゃぶしゃぶ」に象徴される過剰接待問題をはじめ、大蔵不祥事がマスコミに暴かれ始める頃、「あれっ」と思う辞め方をしたキャリア官僚が二人相次いだのを耳にした。

一人は、N〔'90〕。当時、大蔵省改革の一環として日本銀行法の改正が急浮上し、銀行局内にそれのみを担当する「別室」が設けられた。国家公務員試験と司法試験の両方に合格していたNは、法律に強いのを見込まれ別室入りが内定したが、その事実だけを理由に辞表を提出した。別室担当だった銀行局幹部は、信じられないといった表情で彼の辞意を解説した。

「ハナから『これで自分の将来は見えました』と言うんだ。自分の同期には司法試験も通っているのがいないから、日銀法が改正された後、内閣法制局にかなりの確率で行かされるだろうし、その時点で大蔵省での出世の道は閉ざされてしまう、と将来を見切ったわけ。我々の時代は同期の中に司法試験も受かっているのが四、五人いたが、公務員試験と司法試験の予備校が分かれてしまってからは、司法試験にも合格した人材が少なくなってしまったのは確かなんだけどね」

もう一人は、U〔'91〕。彼の辞め方は、考えようによっては〝不慮の事故〟のようにも見えた。当時の同僚によれば、辞職の経緯はこうだ。

一年前、外資系に勤める妻が米国へ転勤になった。Uも米国留学を希望し、「シカゴ大学でPhD（博士号）を取りたいので休職扱いにしてほしい」と願い出た。それに対し、秘書課はうむを言わせず「認められない」と拒否、「それなら辞めます」と売り言葉に買い言葉で係長のまま辞職した。その後、希望通りシカゴ大に留学して博士号を取得、現在は母校の東大で教鞭を執っている。

いずれも本人に話が聞けていないので、辞めた真の理由は不明だが、NにしろUにしろ、上司や同僚が語るだけの理由だったかは疑問が残る。住専処理などに端を発した大蔵不祥事は、戦後半世紀に溜まった膿が吹き出るようにますます拡がりを見せていたからだ。

九七年という悲劇

ここまでは九〇年代半ばにかけての話だが、グラフからも明らかなように、ある年を境に退職者が急増している。そのある年とは、前にも触れた「九七年」であり、大蔵省にとってこの年がどんな意味を持ったのか、駆け足で振り返っておこう。

証券会社の損失補塡による証券不祥事に始まり、旧東京協和・安全信用組合を舞台にした中島義雄元主計局次長〔'66〕、**田谷廣明**元東京税関長〔'68〕らのスキャンダル、さらには民間金融機関からの過剰接待と底知れぬ腐敗の構図を見せつけた。その延長線上で金融機関の不良債権処理問題が深刻化の一途を辿り、九七年十一月、北海道拓殖銀行と山一證券が経営破綻した。

明けて九八年に入ると、職員の逮捕や自殺、そして大臣、事務次官の交代が相次ぎ、過剰接待による汚職事件では、第1章で触れたように、キャリアの榊原隆証券局総務課課長補佐〔'82〕ら四人が収賄容疑で逮捕される。未曾有の大蔵省不祥事は、同年四月、百十二人にのぼる職員の大量処分、現職局長・審議官の辞職、官房長の降格によって大きな節目を迎えた。「構造的」とも指摘された接待汚職事件は、戦後半世紀に培われた官僚システムそのものが根底から問われたのである。

すでに半数近くが辞めた九七年組は、まさに大蔵不祥事がピークに達した時期に新人時代を過ごしている。金融機関の破綻やキャリア官僚の逮捕を横目に見ながら、官僚生活の第一歩を踏み出した彼らにとってその衝撃は想像を超えるものがあり、一人一人が将来を悲観して連鎖反応的に辞めていったのは容易に想像できる。

九七年組の一人で、現在、法政大学経済学部教授を務める小黒一正に、半減ともいえる同期の財務省脱出ぶりについて話を聞く機会があった。九七年から九八年にかけて大蔵不祥事や金融破綻がピークを迎え、そうした省内環境が辞職の引き金になったのではないか、とこちらの想像で質問した。

それに対し、小黒は「もちろん、そうした省内の客観情勢に嫌気が差したということもありますが、むしろ、我々新人にとって財金分離の問題のほうが大きかったですね」と答えた。財金分離とは、金融機関への公的資金投入を避けたい財政部門の意向から不良債権処理が遅れたという批判を踏まえ、九八年六月に金融監督庁（のち金融庁）が発足したことを指す。

「大蔵省は財政も金融も担当できるところが魅力でしたが、これが完全に分離されることになってしまった。まさに両方を抱えているところに魅力を感じて入ってきたのに、分離されたうえ、一度金融に出たら財政には戻れないノーリターンルールもできた。その決定が、我々同期の大蔵省を辞める大きな理由になりました」

彼らの期の以前から全員留学が既定路線になっていたが、九七年組は留学から帰った入省五年目に三、四人が一気に辞め、その後もぽつぽつと役所をあとにしていった。

翌九八〜〇〇年組にかけ、毎年四〜五人の退職者が出ている。これは、九〇〜九三年組にかけての退職者数と似ているが、当時は採用が二十数人と多く、比率は二割程度にとどまっていた。それが、金融監督庁が別枠となって採用人数を絞った九九年前後の比率は三割近くに達しており、明らかにインパクトが違う。

「自主退職者の会」

彼らから九年後の〇六年組も、十六人の採用に対して十年余ですでに五人の退職者を出した。その一人、「東大法学部首席卒業」を枕詞にテレビなどで活躍する弁護士の**山口真由**に話を聞いた。

山口のこれまでの経歴は華麗の一語に尽きる。札幌市内の中学卒業後、上京して筑波大学附属高校で学び、東大法学部に進学する。法学部での履修科目の評価はすべて「優」で、三年の時に司法試験に合格、四年時には国家公務員試験にも上位で合格し、財務省の内定を受けた。

高校、大学の七年間は、あたかも財務省に入るための準備期間のようにも見えるが、本人の弁も「小学生くらいから官僚志望で、官僚になるなら東大法と心の中で思い描いていた」とまるでブレがない。〇六年、官庁の中でも最高峰の財務省に入省し、主税局調査課に配属されて小学時代から温めてきた夢を現実のものとした。

とはいえ、財務省の新人教育は厳しい。一年生はコピー取りに加え、国会や他の部署との連絡役にこき使われ、徒弟制度時代を彷彿とさせる育て方は今も変わっていない。近年は女性の採用が増えたとはいえ、男性が圧倒的に多い男社会の財務省にあって、今も女性の新人教育は鬼門のように映る。

「同じ主税局調査課を振り出しにした先輩に片山さつき（現参議院議員）さんがいますが、省内に女の人を甘やかしてはうまく育てられないという意識が強くあったようです。ですから私の場合、主計局などとやり合う時に、『絶対に泣き落としはするな』と上司から禁じ手にされた。女性だということで甘やかしてしまうと後で苦労するからと、本当に厳しくやられました」

財務省の中でも主税局調査課は、海外税制の調査研究などどちらかというと学究的な雰囲気が強い。それでも、山口はわずか二年で憧れだった官僚生活に終止符を打った。

「財務省は、個人の発言より組織の発言が優先される組織です。どちらかというと、私はアカデミックなテーマについて一人でじっくり考えるタイプで、とりわけ『この五分間で最適な動きを』と反射神経が要求されるこの組織で働くのは向いていないな、と感じたのがきっかけでした」

辞職後、司法修習を受けて弁護士の道に進んだ。一五年には米ハーバード大学ロースクール（法科大学院）に入学、ここでも優秀な成績を収め、ある科目ではクラス最優秀のディーンズ・スカラー・プライズを受賞した。

ここまで退職者が増えてくると、政治家が三人寄れば派閥が生まれるように、彼らだけで集う会ができても不思議ではない。現に、通称「自主退職者の会」が発足しており、年一回、懇親会を開いている。その事務局を担うのが、政府対応に特化した米国系PR会社、ボックスグローバル・ジャパン社長の**野尻明裕**〔'91〕だ。

主計局総務課を振り出しに順調なコースを歩んでいた野尻だが、ハーバード大ロースクール留学、ニューヨーク総領事館勤務と米国生活を経験している間に官僚人生に対する疑問が生まれた。

「アメリカは、元財務省の役人が投資銀行で活躍していたり、その逆に銀行から役所に戻ったりと人材の移動が実にダイナミック。彼ら政策決定に携わる人たちと話していると大変魅力的だし、自分も官と民の両方ができる人間になりたい」と思うようになり、知り合いの人脈やヘッドハンティングなどを通じて転職先を探した。

金融庁監督局保険課総括課長補佐のポストを最後に、あるノンバンクの取締役に招かれ、さらにボックスグローバルに転じた。ここで政府向けロビーイングの仕事をしているうち、財務省を辞めた仲間から「懇親の場をつくりませんか」と相談を受け、野尻が中心になって会を立ち上げた。

一度組織を離れるとお互いに疎遠になるのが日本社会の通例だが、大蔵（財務）一家の結びつきの強さか、一二年には当時の官房長・香川俊介が出席。辞めた人二十人近くを前に、「国を良くしたいという思いをもって役所の門を叩いた人たちなのだから、職場は変わってもその気持ちを大事に活躍してほしい」とエールを送った。これ以降、会合には現職の次官、官房長、秘書課長が顔を見せ、和気藹々の会合として定着してきている。幹事役の野尻は、「この会には政治家は入れず、あくまで民間（学者を含む）にいる人だけで続けていきたい」と前置きし、こんな抱負を語った。

「この会をきっかけにまた役所に戻る人が出て、いずれ官民交流の場になればいいと期待しています」

古巣に戻ってきた男

ところで、ここまで読み進めてきた読者に、前掲のグラフには〝ウソ〟があると白状しなければならない。いや、ウソと言ってしまうと語弊があって、一人だけ一度退職したあとで古巣に戻った人物がいるのだ。

現金融庁総合政策局審議官兼チーフ・データ・オフィサーの**堀本善雄**〔'90〕で、〇八年に退官後、米金融コンサルティング会社「プロモントリー・フィナンシャル・グループ」に転じた。日本法人の専務取締役として、日本の金融機関に経営戦略を助言する仕事を担当してきた。

そんな彼にさらなる転機が訪れたのは、金融庁が日本の金融機関に対する検査方針を変更したことだった。金融検査の厳格化のため、金融機関の現状や監督業務に詳しい人物を外部からリクルートせざるを得なくなり、幹部の公募に踏み切ったのがきっかけとなった。退官前の六年間、金融庁検査、監督両局の課長補佐を務めた経験に加え、堀本によれば、「個々の金融機関の査定ではなく、金融システム全体の課題を一括して捉えて安定化への処方箋を描く、『マクロ・プルーデンス』という欧米の考え方を日本にも生かしたかった」思いから公募に手を挙げた。この手法を武器に論文・面接テストに合格して、一三年、金融庁に復帰したわけだ。

外に出た五年間のハンディはものともせず、現在は審議官の立場で同期の先頭集団を走っている。財務省でキャリア官僚がいったん辞めたあと、再び返り咲く初のケースであり、グラフの九〇年組の退職者数は一度五人になったものの、現在は四人に戻ったというのが正しい。

雇用の流動化を背景にした官民交流の図式が、財務省でもやっと緒に就いたというところか。官民の間を行ったり来たりする米国流の「リボルビング・ドア（回転扉）」にはまだまだ程遠いが、その兆しがほの見えてきたといっていいだろう。

堀本の例を引きながら、わずか二年で辞めた山口真由に、「また戻る気はありますか？」と単刀直入に尋ねてみた。一瞬、虚を衝かれたような表情を見せた山口だったが、「辞めて後悔というのは今のところない」と話しながらも、こんな答えを返した。

「秘書課からは、『うちは優秀な人材が余って外に出すぐらいだから、君のようなタイプは二度と財務省の敷居を跨《また》がせない』と言われましたが、今働いていたらどうだったのかなと想像する時もあります。やはり、あの役所でしかできない仕事がありますし、とくに財務省はそうですから……」

「就職」というより「就社」が当たり前の日本では、一度辞めた「社」にもう一度戻るのは至難の業だ。しかし、少子高齢化の現状をはじめ人材の流動化が避けられない日本にあって、官庁の中の官庁といわれる財務省も今のままの人事体系でやっていけるはずはない。その財務省は、佐川宣寿元理財局長の関与が疑われる公文書の改ざんや福田淳一元次官のセクハラによる辞任問題の後遺症に揺れている。九七〜九八年当時の大蔵不祥事の再現にも似た省内情勢に、財務省をソデにするであろう若き官僚たちへの対策が今ほど急がれる時はない。

現在は、政争とは無縁の政治情勢が続いているが、いざ、政権交代が起きた際にどうなるのか。政策立案を担う最大のシンクタンクである財務省が劣化の一途を辿れば、日本経済の舵取りを誤る危険性が一気に高まる。

国庫を握り、最強官庁であったはずのこの組織に魅力がなくなり、これまで以上に人材が集まらなかったり、流出する事態が続いたりした場合――そのツケを払うのは国民であることを肝に銘じるべきだろう。

大蔵・財務官僚は日本にとってはたしてプラスになってきたのだろうか――その点は常に問われねばならない。

戦後復興から高度成長までは、それなりの役割を果たしたことは間違いない。ただ、それは予算の形で配分するパイが豊富にあった時代のことであり、石油危機以後の低成長時代は、バブル崩壊を含めてマイナス面の方が大きかったように思われる。赤字国債からの脱却と消費税増税ばかりに目が行き、日本の将来をにらんだ真の政策運営に寄与してきたのか、政策の中身を振り返るとはなはだ疑問である。

おわりに

キャリア官僚のあり方を財務省中心に見てきたが、一省庁に限らず、霞が関全体に関わる重大な懸念を俎上に載せて本書を締めくくることにする。

それは、国家公務員試験の志望者が激減している悩ましい現実である。キャリア官僚として政策立案を担う総合職（旧Ⅰ種）の申込者数は、この三年間を見ても減少傾向に歯止めがかからない。

一九年度＝一万七千二百九十五人
二〇年度＝一万六千七百三十人
二一年度＝一万四千三百十人

まさに右肩下がりの傾向を絵に描いたような不人気ぶりだが、この数字を平成以降で比べても目を覆うばかりだ。ピークの九六年度が四万五千二百五十四人だったことを考えると、この四半世紀の間に半減どころか、三分の一以下の水準まで落ち込んだ勘定になる。

ここまで公務員人気が凋落の一途を辿ったのは、九〇年代半ば以降、当時の大蔵省で過剰接待・汚職事件など不祥事が相次いだことが挙げられる。あの不祥事を契機に、マスコミなどで官僚叩きが激しさを増し、就職先として学生から敬遠される傾向が一気に強まった。

そうした官僚に対する負のイメージが払拭されないまま、近年、それに輪をかけるように公務員離れを助長しているのが、〝ブラック職場〟とも揶揄される労働環境にある。残業が月百時間を超える長時間労働や、深夜に及ぶ連日の国会待機など、過酷な実態が表面化するにつれて学生の志望意欲をますます失わせている。

今回のコロナ禍にあって、言葉を失うほどの悲惨な現状が改めて明るみに出た。コロナ対策を担う内閣官房の感染症対策推進室では、二一年一月の職員の平均残業時間が百二十二時間、最も長い職員で三百七十八時間にも達したという。緊急事態宣言が出された結果とはいえ、月平均で民間の数倍に相当する残業時間はやはり異常というほかない。

こんな現実も志望者の長期低落傾向に拍車をかけるのは明らかで、第8章の「辞め急ぐ財務官僚」でも紹介したように、公務員に見切りをつけて退職する幹部候補生が驚くほど増えている。霞が関のブラック職場は、入口（申込者数）と出口（退職者数）の双方で公務員離れを加速しているのだ。
人材が劣化していけば、おのずと組織も衰退していくのは避けられない。公務員制度に関しては、「抜本的な改革」を唱える声を耳にタコができるほど聞かされてきたが、今こそ国家公務員試験の採用方法の見直しをはじめ、人材面に重点を置いた抜本改革に着手すべき時期に来ている。

本書は、週刊新潮に連載した原稿を大幅に加筆修正し、新書にまとめたものである。この間、編集者としてずっと並走してもらった新潮新書編集部の井上保昭さんには、貴重なアドバイスを頂戴するとともに、最後まで叱咤激励してもらったことに心から感謝の意を表したいと思う。

二〇二一年　五月

岸　宣仁

主要参考文献

『青の時代』三島由紀夫（新潮社）一九七一年
『中央銀行　セントラルバンカーの経験した39年』白川方明（東洋経済新報社）二〇一八年
『黒田日銀　超緩和の経済分析』日本経済新聞社編著（日本経済新聞出版社）二〇一八年
『図説日本の財政（令和元年度版）』小宮敦史編著（財経詳報社）二〇二〇年
『MMTによる令和「新」経済論』藤井聡（晶文社）二〇一九年
『政治家の覚悟』菅義偉（文春新書）二〇二〇年
『官僚たちの冬　霞が関復活の処方箋』田中秀明（小学館新書）二〇一九年
『ド文系大国日本の盲点　反日プロパガンダはデータですべて論破できる』高橋洋一（三交社）二〇一九年
『官僚の本分「事務次官の乱」の行方』柳澤協二、前川喜平（かもがわ出版）二〇二〇年
『日本を壊した霞が関の弱い人たち』古賀茂明（集英社）二〇二〇年
『科挙』宮崎市定（中公新書）一九六三年
『試験の社会史』天野郁夫（東京大学出版会）一九八三年
『日本の官庁—その人と組織—大蔵省・経済企画庁一九八七年版』齋藤邦裕編（政策時報社）一九八六年

初出：週刊新潮2018年1月18日号、同18年7月19日号、同19年2月21日号、同19年7月25日号、同19年9月26日号、同19年11月28日号、同20年4月30日号、同20年8月27日号、同21年1月14日号、その他は書きおろし。

岸　宣仁　1949年生まれ。東京外大卒業後、読売新聞社入社。主に経済部で大蔵省や日銀を担当し、91年退社。著書に、『財務官僚の出世と人事』（文春新書）、『特許封鎖』（中央公論新社）などがある。

Ⓢ新潮新書

916

財務省《ざいむしょう》の「ワル」

著　者　岸宣仁《きしのぶひと》

2021年7月20日　発行

発行者　佐藤隆信

発行所　株式会社 新潮社

〒162-8711　東京都新宿区矢来町71番地
編集部(03)3266-5430　読者係(03)3266-5111
https://www.shinchosha.co.jp

装幀　新潮社装幀室

印刷所　株式会社光邦

製本所　加藤製本株式会社

ISBN978-4-10-610916-4　C0236

Ⓢ新潮新書

856
私の考え
三浦瑠麗

「人生は一回限り。人間、迷ったら本音を言うしかない」常に冷静に、建設的に言論活動を続けてきた著者が、政治について、孤独について、人生について、誠実に向き合った思索の軌跡。

857
昭和史の本質
良心と偽善のあいだ
保阪正康

ファシズム、敗戦、戦後民主主義……昭和はいったい何を間違えたのか。近現代の名文を手掛かりに多彩な史実をひもとき、過去から未来へと連鎖する歴史の本質を探りだす。

835
老人の美学
筒井康隆

人生百年時代にあっても、「老い」は誰にとっても最初にして最後の道行きだ。自分の居場所を見定めながら、社会の中でどう自らを律するか。リアルな知恵にあふれた最強の老年論！

887
半グレ
反社会勢力の実像
「NHKスペシャル」取材班

「自分は絶対に捕まらないですよ」。人材養成、手口、稼ぎ方……分厚いベールに包まれた組織の実態を、当事者たちが詳細に語る。『NHKスペシャル』待望の書籍化!!

912
ビジネス戦略から読む美術史
西岡文彦

フェルメールの名画は「パン屋の看板」として描かれた⁉ 美術の歴史はイノベーションの宝庫だ。名作の背後にある「作為」を読み解けば、「目からウロコ」がボロボロ落ちる！

Ⓢ新潮新書

882
スマホ脳
アンデシュ・ハンセン
久山葉子訳

ジョブズはなぜ、わが子にｉＰａｄを与えなかったのか？　うつ、睡眠障害、学力低下、依存……最新の研究結果があぶり出す、恐るべき真実。世界的ベストセラーがついに日本上陸！

885
ブラック霞が関
千正康裕

朝七時、仕事開始。二七時二〇分、退庁。官僚のブラック労働を放置すれば、最終的に被害を受けるのは我々国民だ。霞が関崩壊を防ぐ具体策を元厚労省キャリアが提言。

820
ケーキの切れない非行少年たち
宮口幸治

認知力が弱く、「ケーキを等分に切る」ことすら出来ない――。人口の十数％いるとされる「境界知能」の人々に焦点を当て、彼らを学校・社会生活に導く超実践的なメソッドを公開する。

847
マトリ
厚労省麻薬取締官
瀬戸晴海

「俺たちは、猟犬だ！」密輸組織との熾烈な攻防、「運び屋」にされた女性の裏事情、薬物依存の家族の救済、ネット密売人の猛追……元麻薬取締部部長が初めて明かす薬物犯罪と捜査の実態。

901
自衛隊最高幹部が語る令和の国防
岩田清文　武居智久
尾上定正　兼原信克

台湾有事は現実の懸念であり、尖閣諸島や沖縄も戦場になるかも知れない――。陸海空の自衛隊から「平成の名将」が集結、軍人の常識で語り尽くした「今そこにある危機」。